進化論

150年後の真実

ダーウィン／ウォーレスの霊言

大川隆法 Ryuho Okawa

本霊言は、2012年1月19日、幸福の科学総合本部にて、
質問者との対話形式で公開収録された。

まえがき

本書は、『幸福の科学』が、「宗教」であると同時に、「科学」でもあることを証明する一書であろう。

私たちは明らかに、人類の秘密、地球の秘密、世界の秘密、神の秘密に陸続《りくぞく》と挑戦し続けている。

「宗教」対「進化論」の対立は、十九世紀から二十世紀にかけて、世界を二極化する大きな対立構造となった。ウォーレスの時代には、現在の新興宗教の扱いだった「科学」が、今では中世の教会のように、「宗教」を圧迫、迫害しつつある。ダーウィンの「唯物論的進化論」は、マルクスを狂喜させ、政治経済面で共産主義・社会主義となって、全地球を侵食《しんしょく》した。またニーチェをして「神は死んだ」と叫ばせ、神に代わる超人としての「ヒトラー」をも出現させた。百五十年の歳月を経て、今、日本の教育の根本にあるガン細胞を、ここに摘発《てきはつ》する。

二〇一二年　七月三日

幸福《こうふく》の科学《かがく》グループ創始者兼総裁《そうししゃけんそうさい》　大川隆法《おおかわりゅうほう》

進化論——１５０年後の真実　目次

第1章　「神なき進化論」の末路

――ダーウィンの霊言《れいげん》――

二〇一二年一月十九日　霊示

東京都・幸福の科学総合本部にて

第2章　「霊的進化論」が拓《ひら》く未来
――ウォーレスの霊言――

二〇一二年一月十九日　霊示
東京都・幸福の科学総合本部にて

「霊言現象《れいげん》」とは、あの世の霊存在の言葉を語り下ろす現象のことである。これは高度な悟りを開いた者に特有のものであり、「霊媒現象《れいばい》」(トランス状態になって意識を失い、霊が一方的にしゃべる現象)とは異なる。また、外国人霊の霊言の場合には、霊言現象を行う者の言語中枢《ちゅうすう》から、必要な言葉を選び出し、日本語で語ることも可能である。

なお、「霊言」は、あくまでも霊人の意見であり、幸福の科学グループとしての見解と矛盾《むじゅん》する内容を含《ふく》む場合がある点、付記しておきたい。

第1章

「神なき進化論」の末路

——ダーウィンの霊言《れいげん》——

二〇一二年一月十九日　霊示

東京都・幸福の科学総合本部にて

チャールズ・ダーウィン（一八〇九～一八八二）

イギリスの地質学者、生物学者。イギリス海軍の測量船ビーグル号に同乗してガラパゴス諸島などを調査し、『ビーグル号航海記』を発刊。一八五八年には、ウォーレスとの共同論文のかたちで、生物の進化に関する理論を発表し、翌年、その理論を含《ふく》む『種《しゅ》の起源』を著《あらわ》した。『黄金の法』（幸福の科学出版刊）では、現在、無間地獄《むけんじごく》（地獄の最深部）にいるとされている。

質問者

村田堅信《むらたけんしん》（幸福の科学大学学長※〔就任予定〕）

綾織次郎《あやおりじろう》（「ザ・リバティ」編集長）

金澤由美子《かなざわゆみこ》（幸福の科学指導研修局長）

［役職は収録時点のもの］

※仮称・二〇一五年四月開学に向けて設置認可申請予定

1　進化論の提唱者たちの「その後」を探《さぐ》る

理科系の勉強も得意だった高校時代

大川隆法　昨日《さくじつ》（二〇一二年一月十八日）は「平清盛《たいらのきよもり》の霊言《れいげん》」を収録したのですが、今日は「ダーウィン／ウォーレスの霊言」の収録を行います。このギャップが幸福の科学の〝変なところ〟であり、みなさんにとっては頭がクルッと回転する感じでしょうか。当会には、人々がついてこられないような飛び方をするところがありますが、これも面白《おもしろ》みの一つと思って見てくだされぱと思います。

ダーウィンとウォーレスについて語る資格が私にあるかどうか、分かりません。私は東大法学部政治学科の出身で、卒業後は総合商社で貿易に従事し、やがて宗教家になりました。「その私がダーウィンやウォーレスについて語ってよいのか」という思いが、ないわけではないのです。

それについて、今日、朝から考えていたのですが、小学校時代の夏休みのことを思い出してみると、一夏《ひとなつ》、アリの生態研究をしたことがあります（笑）。アリが餌《えさ》を巣穴に運んで何かをしている、その様子を観察し、アリの習性を表にまとめて発表したことがあるのです。まるで『ファーブル昆虫記《こんちゅうき》』のようです。

それから、別の年には、「なぜ積乱雲から雷《かみなり》が発生するのか」というようなテーマで、雷の発生原理を調べ、発表したこともあります。

いずれも小学校高学年のときの話ですが、これは私が理科にも関心を持っていたことを意味しているのではないかと思います。私は文学少年でもあったのですが、自然科学の方面に関心がないわけではなかったのでしょう。

高校では、一年生のとき、生物の先生が担任だったので、私はサービス精神を発揮し、少し余分に生物の勉強をしてしまいました（笑）。大学受験の上では、それほどの勉強は要《い》らなかったのですが、担任の先生と仲良くするため、余分に勉強したのです。

高二のときには、実は、国立大学の理科系を受験する人のための選抜《せんばつ》クラス、特進クラスに入ってしまい、理系の勉強でも、そうとう、しごかれました。それは一《ひと》クラスだけでしたが、同級生たちは、ほとんど医学部か理工系の学部に進み、文系の学部に進学したのは、慶応《けいおう》の経済学部に行った人と私の二人だけだったように思います。

したがって、私は理系の〝洗礼〟を受けていないわけではありません。はっきり言えば、文系の人たちがみな嫌《いや》がっている数Ⅲも勉強しました。特進クラスで数Ⅲまで学習した経験があるのです。学んだ内容は、今では、もう、よく覚えてはいませんが、それをきちんと通過したことだけは覚えています。

たまに、高校時代の同級生から、「理系の選抜クラスで一緒《いっしょ》だった」と言われると、少し気恥《きは》ずかしい思いになります。「理系の選抜クラスから文系に進んだ」というと、都《みやこ》落ちをしたように見えなくもないかもしれませんが、理系の授業についていけなかったわけでは決してないのです。しっかりと数Ⅲまで勉強した記《き》憶《おく》が確かにあります。

また、以前、何かで述べたことがありますが、駿台《すんだい》模試の生物の試験で百点満点を取り、万の単位の受験者のなかで全国一位になった記憶があります。このときには、うれしいだけではなく、恥ずかしかった覚えがあります。「文系の受験生が、こんなことでよいのだろうか」という感覚を、一回、覚えたのです。

今、幸福の科学学園の生徒のなかには、模試の数学で全国の一番になり、名前が載《の》っている人がいますが、私も生物で一番を取ったことがあり、「こんなことがあってよいのか」と感じました。そのときには理科系で模試を受けたのではないかと思いますが、理系の人たちについて、「暗記力が悪いのだな」と（笑）率《そっ》直《ちょく》に思ったことを覚えています。

私は、理系の科目であっても、三教科ほどで、大学受験を受けられるぐらい、よくできたのではないかと思います。

一方、わが家の子供たちを見てみると、光がスリット（隙間《すきま》）を通《とお》って屈折《くっせつ》する度合いの計算や、化学のモル計算では、けっこう苦戦し、数多く間違《まちが》えています。文系の人には理系の科目があまりよくできないのでしょう。

ただ、私の場合、化学のモル計算で間違えた記憶があまりないので、代数に関しては、それほどできないわけではなかったのではないかと思っています。

それから、少し生意気な言い方に思われるでしょうが、私が数学で最も得意だった分野は何かというと、実は微分《びぶん》・積分《せきぶん》でした。私は、文系志望なのに、「微積が得意で、特に積分がよくできた」という、変な人ではあったのです。

しかし、もしかしたら、そのおかげで経済学が分かるのかもしれないと思います。私は、大学時代には、法学部で法律の丸暗記をたくさんしたのですが、その一方で、経済のことが分かるのは、理数系の学問がよくできたこととも関係があるかもしれません。

幅広《はばひろ》い関心を持っていると、いろいろなことができるようになるのです。

今、私は、「医学部にだって行けなくはなかったのだ」という〝こじつけ〟をし、ダーウィンとウォーレスにアプローチをかけようと試《こころ》みているところです。「資格がない」と言われるのを何とか押《お》し返し、「資格はあるのだ」と言おうと思っていますし、何とか認めていただけるのではないかと考えています。

キリスト教では「人間は神によって創られた」とされている

大川隆法　今日のテーマは意外と宗教にとっても大きなテーマです。

ダーウィンが十九世紀に『ビーグル号航海記』や『種《しゅ》の起源』で有名になったことは、自然科学の発展等にとってはありがたいことではあるのですが、彼が提唱した進化論は神学上《しんがくじょう》の大きな問題でもあります。

キリスト教では、『旧約聖書』の「創世記」に書かれている「天地創造」の話に基《もと》づいて、伝統的に、「神は六日間《むいか》で天地万物《ばんぶつ》を創られ、七日目《なのか》に休まれた」ということになっています。世界は六日間ででき、最後の六日目に人間ができたことになっているのです。

人間は、土の塵《ちり》を集めて形を形成し、鼻から息を吹《ふ》き込《こ》んで創られたとされていますが、神が吹き込んだ息が「魂《たましい》」です。それで人間ができました。これがアダムです。そして、「アダム一人では、かわいそうだ」ということで、アダムのあばら骨を取り、イブという女性を創ったことになっているのです。

これを、キリスト教の信徒たちは長らく信じさせられていました。

また、『聖書』には、アダムからイエス・キリストに至るまでの系図がたくさん出てきます。誰《だれ》が計算したのか、よく分かりませんが、「緻密《ちみつ》に計算したところ、アダムの出現は紀元前四千年ぐらいに当たる」というような計算をした人もいて、「そのくらいが人類の起源だろう」と長らく信じられていました。

もちろん、これを信じる人は、現在では、もう、ほとんどいないと思います。紀元前約四千年以前にも人類が存在したことは分かっているのですが、さかのぼる年数が、万の単位なのか、十万の単位なのか、あるいは、百五十万年前や五百万年前まで行くのか、このへんについては、化石等の発掘次第《はっくつしだい》のところがあり、まだ、いろいろと揉《も》めてはいます。

当会の教えでは、もう少し大胆《だいたん》に、かなり遠い昔までさかのぼっていますが、これについて、理科系の人たちは、全然、相手にしていないと思われます。ただ、霊示《れいじ》としては、そのように伝えてくるものがほとんどであるため、私は、そのまま言っているのです。

人間の骨は石灰質《せっかい》であり、土中に長く埋《う》まっていると、それほど長くは遺《のこ》らないものなので、やがて消えていくでしょう。地球をくまなく調べれば、出てくるものもあるのではないかとは思うのですが、比較《ひかく》的、土になってしまいやすいので、古代の人骨が出てきにくいのではないかと考えています。

唯物論《ゆいぶつろん》や人間機械論と結びついたダーウィン的進化論

大川隆法　ダーウィンには功績もあるのだろうとは思います。

キリスト教の教会による、中世まで続いた教条的な教えは、一切《いっさい》の異論を認めません。そこには、教会無謬《むびゅう》説というか、キリスト教についての無謬説がありました。

例えば、「太陽が地球の周りを回っている」という考え方もそうです。

これに対して、ケプラーだとか、「それでも地球は動く」と言ったガリレオだとか、コペルニクスだとか、いろいろな人たちは、天文学的な研究の結果、「教会が言っている宇宙観は、おかしい」と思い、「地球のほうが回っている」と考えたわけですが、そういう考え方を外に出すと、火あぶりにされてしまうため、教会というものは、すごく怖《こわ》かったのです。

イエスが述べていたわけではないのに、「神学上、そのようになっている」とされ、「太陽が地球を中心にして回っている」と考えなくてはいけないことになっていました。

そして、前述したように、「人間は神によって創られた」とする考え方もありました。

ところが、進化論が出てきたことによって、「人間は動物から分かれてきた」という説が立ち上がってきたわけです。これはキリスト教にとって非常な脅威《きょうい》です。『聖書』では、神が人間を創ったことになっているのに、「人間は動物から進化してきた」という説が現れたのです。

最初に微細な生物が生まれ、しだいにそれが大型化してきて、いろいろな進化があり、進化の系統樹の最後に哺乳類《ほにゅうるい》が来た。哺乳類は、ネズミぐらいの大きさから、だんだん大きくなり、いろいろな種類のものが現れ、チンパンジーなどの類人猿《るいじんえん》、すなわちエイプも出てきた。映画「猿《さる》の惑星《わくせい》」の猿はエイプです。それから、人類が出てきた。進化論が提唱され、そう言われるようになったのです。

これは教会にとって非常に大変なことです。現在でも、アメリカでは、まだ、「公立の学校で進化論を教えることには反対だ」という運動が続いています。

ただ、理系を専門にした人たちは、もはや、その神学論的な考え方は信じておらず、やはり、ダーウィン的な進化論を信じているでしょう。理系の学問の研究をすればするほど、人間機械論的な見方のほうに関心が移るので、ダーウィン的な進化論が、ある意味で、唯物論や人間機械論と結びついていっているのではないかと思うのです。

医学でも、やはり、唯物論的、人間機械論的に人間を見ていますし、解剖《かいぼう》等を通じて、「発生系統を見れば、動物も途中《とちゅう》までは人間と同じだ」という見方が出てきており、「やはり進化論は正しいのだ」と言われていると思います。

そのため、ダーウィンについては、ある程度、知識を持っている人は数多くいるでしょう。科学者たちは、わりにダーウィン的な進化論を受け入れました。それについて、以前から何となく分かってはいたのですが、教会が怖くて言えなかっただけなのです。

ウォーレスは進化論と心霊《しんれい》主義を併存《へいぞん》させていた

大川隆法　一方、進化論の提唱者としては、ダーウィンと同時代に、アルフレッド・ウォーレスという人もいました。ただ、ダーウィンのほうが、本を書いたりしたため、先に有名になりました。

ダーウィンも、私が巡錫説法《じゅんしゃくせっぽう》をした、南米や、アジア・オセアニア地域あたりまで行《い》っていますが、ウォーレスは、今で言えば、ヘラクレスオオカブトを捕《と》ってきて売るような人であり、熱帯地方等に行って虫を集めていた〝虫屋《むしや》さん〟です。

彼は、ダーウィンとの間で書簡のやりとりを行い、自分の学説をかなり述べていました。

当時は、今のような国際郵便がなかったため、船長にお金を渡《わた》して、手紙を預け、ダーウィンのもとに届けたり、ダーウィンから返書をもらったりしていたようです。

船がイギリス国内に着くと、その手紙を郵便配達人が家に持ってくるわけですが、ダーウィンのほうは、そのときに、国内配達料として、今だと千二百円ぐらいを払《はら》えばよかったらしいのです。

そういうかたちで郵便の往《い》き来があり、赤道直下あたりの島にいても、時間はかかるものの、イギリス国内と手紙のやりとりができたようで、この二人の往復《おうふく》書簡も遺っています。

ウォーレスは非常に人のよい人物で、ダーウィン宛《あ》ての手紙に、進化に関する自説をどんどん書きました。そのため、「ダーウィンの進化論の大部分は、実は、ウォーレスの発見を盗《ぬす》んでしまったものなのではないか」と言われているのも事実です。

ウォーレスはダーウィンを尊敬しており、自分が知っていることや考えたことを、どんどん手紙に書いて送ったわけですが、ダーウィンは、彼から手紙をもらい、それを参考にして著書を書いていたようです。ウォーレスがイギリスの国外にいて自説を発表できないのをいいことに、「ウォーレスの考え方を自分の著書で先に発表してしまう」ということをしたらしいのです。

これについては細かく述べませんが、そういうことをされたにもかかわらず、ウォーレスは、それを善意に解釈《かいしゃく》していました。

ダーウィンは名声に包まれ、裕福《ゆうふく》でしたが、ウォーレスは貧乏《びんぼう》でした。のちに、ダーウィンは、生活資金等に乏《とぼ》しかったウォーレスが年金を獲得《かくとく》するに当たって、面倒《めんどう》を見たりしたようです。

ウォーレスは、研究の結果、進化論に辿《たど》り着いていたわけですが、同時に、スピリチュアリズム、心霊《しんれい》主義にも傾倒《けいとう》していました。

当時のイギリスでは交霊会が非常に盛《さか》んで、交霊実験がよく行われていましたが、ウォーレスは、かなり実験に参加し、自分で確認して、「本物だ」と認めたのです。

ただ、心霊主義にのめり込んだことは、彼が、自然科学系の学会から、やや阻《そ》害《がい》される要因になったようです。

当時、もうすでに現代のような風潮があって、「心霊主義のほうに足を踏《ふ》み込む人間は本物の科学者と言えない」と思われていました。それで、結局、ダーウィンの名前が遺り、ウォーレスの名前は消されていったのです。

しかし、これが本当によかったかどうか、分かりません。

ダーウィンの学説から言えば、唯物論的な考え方しか残らないのですが、ウォーレスは、進化ということを認めつつも、そのなかに心霊主義を同時に併存《へいぞん》させていたのです。

進化の系統樹の「量子飛躍《ひやく》」を理解できたウォーレス

大川隆法　進化論について、もう一段、解説しましょう。

ダーウィンには、二十年ぐらい研究しても、どうしても分からなかったことがあります。進化の系統樹をつくっていくと、太い枝分かれが生じ、全然違うものが現れてくるときがあるのですが、なぜ、こういうことが起きるのかが、彼には、どうしても分からなかったのです。

観察的な自然科学によれば、淘汰《とうた》されたり、環境《かんきょう》に適応したりして、少しずつ変化していくのは分かるのですが、あるとき、突然《とつぜん》、全然違う感じの「枝」が生じてくることがあります。これが、ダーウィンには、どうしても理解できなかったのですが、ウォーレスには分かったらしいのです。

これについては渡部昇一《わたなべしょういち》氏の言葉を借りたいと思います。

渡部氏は、『哲人《てつじん》脳の創り方』（李白社《りはくしゃ》刊）というＤＶＤにおいて、脳画像診断《しんだん》医に自分の脳を調べてもらい、その医師と対話しています。

彼は、そのDVDでも語っていますし、著書でも書いていますが、次のように述べています。

「それがウォーレスに分かったのは、ウォーレスが、実は微分の勉強をしていたからだ。さらに、一部ではあるが、積分の勉強もしていたのだ。微積分を勉強した人には、そうした極端《きょくたん》な飛躍《ひやく》が起きることが分かるのだが、ダーウィンは、その勉強をしていなかったため、それが分からなかったのだ。一方、ウォーレスは、それを勉強していたため、このクォンタム・リープ〔quantum leap〕を理解できたのだ」

「クォンタム」とは「量子」のことであり、「リープ」とは「跳《は》ねる」「跳《と》ぶ」ということです。クォンタム・リープは、物理学では「量子飛躍」と訳されますが、「突然の、目を見張るような発展」のことなのです。

進化の系統樹のなかでは、これが起きるのですが、「その理由が何か、ダーウィンには分からなかったが、ウォーレスには分かったらしい」というのが渡部氏の説です。

進化の系統樹が太く分岐《ぶんき》していくときには、クォンタム・リープが起きて、従来のものが新しい種《しゅ》に大きく変化していくのですが、ウォーレスは、心霊主義を研究していたので、「そのときには、それに対して、神が力を与《あた》えた結果、新しい系統樹の生物にふさわしい魂が宿ったのではないか。進化した瞬間《しゅんかん》に、すなわち、原始的なものから、もう一段高いものに移行したときに、魂がバンと宿ったのではないか」と捉《とら》えていたようです。

そういう霊的な考え方を、ダーウィンは、一切《いっさい》、採用していないので、ダーウィンの進化論が遺ることで、結局、唯物論的な進化論だけが遺ったのです。

もしウォーレスの考え方のほうが正統として遺っていたならば、現在とは違う世界がありえたかもしれません。

私も、「この地上における生物は、一切、変わっていない」と言っているわけではありません。「地上で適応していくうちに、いろいろと変化している」ということぐらいは分かっていますし、地球の生物のすべてを、「神が創ったもの」や「宇宙から来たもの」と思っているわけではありません。地球の環境に適応して、変化したり、いろいろと分かれたりしてきたものはあるだろうと思います。ただ、それに対して、やはり、高級霊界《れいかい》からの支援《しえん》等もあっただろうと考えている次第です。

当会は、「地球では、人霊や動物の創造もあったし、宇宙から来たものもいたけれども、それに進化論的要素も加わっているに違いない」と捉えています。

さらに、エイリアン（異星人）から地球の人間への転生《てんしょう》までもが教えに入ってきているので、当会における進化論の話は、もう地球の枠《わく》を超《こ》えていて、理系の人たちであってもギブアップでしょう。「そのように言うのなら、とにかくエイリアンを一匹《いっぴき》でも二匹でも引っ張ってこい」という思いを持っているかもしれません。

このへんを、一度、調べてみたいと思います。

霊界《れいかい》からダーウィンとウォーレスを呼び、その意見を聴《き》く

大川隆法　私と渡部昇一氏とは、考えが一致《いっち》する点が多いのですが、ダーウィンに対する見方は違っています。

渡部氏は昔からダーウィンを非常に尊敬し、ほめ上げています。その理由は、「近代化に非常に貢献《こうけん》した」ということだと思うのです。キリスト教系の学校である上智《じょうち》大学の先生が、そういうことを言ってよいのかどうか、知りませんが、ダーウィンに関してだけは、私は最初から渡部氏に賛同できず、距離《きょり》を取り、ずっと沈黙《ちんもく》してきました。

渡部昇一氏は、時価で二千万円もする、『種の起源』の英語の初版本を持っているそうです。恐《おそ》ろしくて本自体には書き込みができないため、コピーを取り、

そちらに書き込みをしているぐらい、その本を大切にしているようです。

しかし、私のほうは、「ダーウィンは、そんなに偉《えら》い人なのかな」と思っていたため、これまで沈黙していたのです。

今日は、このへんを追究してみたいと思います。

ダーウィンは有名なので、この人の霊言《れいげん》が長くなってもよいのかもしれませんが、余力があれば、ウォーレスも招霊《しょうれい》して、ダーウィンとは意見が違うのか、それとも同意見なのか、調べてみたいと考えています。

質問者として適性のある人材選びができているかどうか、定《さだ》かではありませんが、今回は、二〇一五年に開学予定である幸福の科学大学において、学長に就任する予定の村田さんに加わってもらいました。

この方は京大理学部の物理学科出身であり、以前は環境庁（現・環境省）に勤めていました。環境庁時代に、どこかの水質調査ぐらいはしたのではないかと思われるので、多少、適性はあるでしょう。その後《ご》、当会の職員になり、指導系の部門の長《ちょう》や精舎《しょうじゃ》の館長を務め、理事長も務めた方なので、多少の素養はあるように思います。

金澤さんは、特に関係はなさそうですが、現在、指導研修局長という立場なので、責任を持って追究なさるでしょう。

こちらの綾織さんは月刊「ザ・リバティ」（幸福の科学出版刊）の編集長です。「ザ・リバティ」は、「地上の物事のすべてに対し、関心を持って探究する」というスタンスなので、分野には関係なく質問なさると思います。「ザ・リバティ」は宇宙人の研究もよくしていますが、「宇宙人の研究をするのなら、生物の研究もしなくてはいけない」ということでしょう。

前置きが長くなりましたが、これまでとは少し違った分野の霊人を呼ぶので、いろいろと解説をしてみました。

2 「進化論」の意図はどこにあったか

初めてダーウィンの招霊《しょうれい》を試《こころ》みる

大川隆法　それでは行きましょう。まず、ダーウィンから行きます。私も、この人を呼んで話すのは初めてです。ダーウィン、ウォーレスとも初めてですので、どのような感じになるかは分かりません。

ダーウィンについては、「どうかなあ」とは思うのですが、この人のことを尊敬している人も多いので、あるいは、私の予想が違《ちが》っているかもしれません。今日はそのあたりのことを調べてみたいと思います。

では、「進化論」で有名なチャールズ・ダーウィンよ。

「進化論」で有名なチャールズ・ダーウィンよ。

どうか、幸福の科学総合本部に降りたまいて、あなたの考え、思想、それから、意見等ありましたら、お教えください。

また、現代の科学や、生物学、その他についての意見、あるいは、われわれが探究している霊界《れいかい》や宗教に関する意見等もありましたら、併《あわ》せてご指導願いたいと思います。

チャールズ・ダーウィンの霊、流れ入《い》る。

チャールズ・ダーウィンの霊、流れ入る。

チャールズ・ダーウィンの霊、流れ入る。

チャールズ・ダーウィンの霊、流れ入る。

ダーウィンの霊、流れ入る。

「進化論」のダーウィンの霊、流れ入る。

「進化論」のダーウィンの霊、流れ入る。

（約五秒間の沈黙《ちんもく》）

ダーウィン　（咳《せき》をする）ウウウ、ウ？　アアー。アアー、ウー。

綾織　ダーウィンさんでいらっしゃいますか。

ダーウィン　アー。ハア。

綾織　話は可能でしょうか。

ダーウィン うーーーん、うーん。うーん。

綾織 日本語は大丈夫《だいじょうぶ》でしょうか。

ダーウィン うーーーん。うーーん。うーーーん。分からん。(舌打ち) 分からん。

綾織 何が分からないのですか。

ダーウィン 分からない。分からない。何もかも分からない。分からない。

綾織 あのー……。

ダーウィン　分からない。

綾織　すでにご自身が亡《な》くなっているということは、お分かりでしょうか。

ダーウィン　ああ? うー、うーん。ずいぶん時間がたったような気もするから、まあ、そんなに長生きできる人はいないかなあ。ということは……。

綾織　あなたは一八八二年にお亡くなりになりました。
今は二〇一二年、ここは日本でございます。

ダーウィン　うん、まあ、そういう仮説も成り立つ……かなあ。うん。

今、生き物を求めて〝洞窟《どうくつ》〟のなかを探検中？

綾織　ダーウィンさんは霊界におられたと思うのですが、本日、日本の宗教団体である幸福の科学の大川隆法総裁が、あなたをお呼びになりまして、今、東京でお話を伺《うかが》っている状態です。

ダーウィン　うーん。日本の生物を調べてないなあ……。もうちょっと日本の生物を研究しなくてはいけない。うん。

綾織　今も、いろいろと研究をしている状態なのでしょうか。

ダーウィン　うん、そう。そら、そうですよ。人生はもう「永遠の研究」ですよ。

研究に研究を継《つ》がなければいけない。

綾織　今は、どういう方面に関心を持って研究されているのでしょうか。

ダーウィン　うん？

綾織　どういう方面の研究を中心的にされているのでしょうか。

ダーウィン　うーん、なんだかねえ。ここはどこなんだろうねえ。うーん、ボルネオ付近の洞窟《どうくつ》のなかにでも落ちたのかなあ。虫を調べているうちに落ちちゃったような感じかなあ。なんかねえ、閉じ込《こ》められちゃったんだよなあ。

綾織　あなたの周りは暗い状態なのですか。光がなかなか射《さ》してこないのでしょうか。

ダーウィン　うーん、なんだか、洞窟みたいなんだよなあ。

綾織　ということは、独《ひと》りでいらっしゃる状態なのですね。

ダーウィン　うん？

綾織　今は独りでいらっしゃる？

ダーウィン　いや、洞窟のなかに生物がいないかどうかを調べている。ほかに生き物がいないわけはないからさあ。

うーん、だから、今、地底探検をやってるのかなあ。

「進化途中《とちゅう》の生物」を探しているが、見つからない

綾織　他に人間はいないわけですね。

ダーウィン　あ？　うん？

綾織　人間としては、今、あなたお独りですか。

ダーウィン　私は研究熱心だから、ついこの前まで猿《さる》とかも調べてたんだがなあ。

「猿から人間に移行する、その中間のやつでもいないかな」と思って、探してる

んだよなあ。猿から人間になる中間のあたりを捕《つか》まえることができればねえ、それは世紀の大発見なんだよなあ。そのへんは、やっぱり、この熱帯地方あたりにいてもいいんだよな。

だから、〝人食い人種〟の仲間のなかに、猿から人間への移行期間のやつがいたとしてね、もし、「言葉をしゃべるけど、ちょっと尻尾《しっぽ》がついている」というやつなんかを見つけることができたら、すごいよな。これはすごい。ロンドンに連れて帰って、みんなに見せられるからさあ。それを探してるんだよ。

綾織　そうですね。もし、そのような生物が発見されれば、「ダーウィン進化論」が証明されることになると思うのですが。

ダーウィン　うん、そうなんだよ。

「わしの『進化論』は完璧《かんぺき》だ」と思うとったが、なんと言うかなあ、発見されている生物の「種《しゅ》」は、生き物として完成してるものばっかりなんだよなあ。

綾織　「途中《とちゅう》の段階」の動物というのはいませんね。

ダーウィン　いないんだよ。それがおかしい。そこんところを証明しなきゃいけないんだよ。

だから、絶対に、進化して変化していく途中のものがいなきゃいけない。ここがおかしいんだよなあ。うーん。

綾織　今は二〇一二年なのですが、それは、今に至っても……。

ダーウィン　ま、そういう仮説はあってもいいよ。

綾織　（苦笑）「進化の途中の段階」という生物は発見されていませんので、「ダーウィン進化論」は、まさに仮説の段階ではあるわけですよね。

ダーウィン　うーん、それは確かにな、難しいことは難しいんだよ。

古代の恐竜《きょうりゅう》みたいな、何十メートルもあるような大きなものの化石というか、骨はあるんだろう？　だから、その巨大《きょだい》なものから、今の二メートル弱の人類になったというのが、本当に進化なのかどうかには、もうひとつ分からんところがあるんだよなあ。

三十メートル、四十メートルっていうのは、ものすごい骨格だよな。そんなものが二メートルぐらいの人間になったっちゅうことは、本当に進化なのか、あるいは退化なのか、もうひとつ分からんところはある。
ただ、やっぱり、わしのなかにも、「人類は万物《ばんぶつ》の霊長《れいちょう》」っていう意識があるもんだから、進化しないといかんのだよ。

神の手助けのために「創造論」の証拠《しょうこ》を集めようとしたのか

ダーウィン　君、わしにはねえ、信仰心《しんこうしん》がないわけじゃないんだよ。

綾織　ああ、そうですか。

ダーウィン　うん、信仰心がないわけじゃないんだよ。「神に創られた人間は最高に進化したはずだから、そこまで進化するのに、何か道筋《みちすじ》があっただろう」ということを探究していたんだよ。

「地球」だか「宇宙」だか「世界」だか知らんが、昔の神学者たちが「神は六日《むいか》で宇宙を創られた」と言ってても、「さすがにそれは速すぎないか」というぐらいの感じは、そら、私にも分かるよ。

旅をするんだって大変なんだからさ。そのへんは、教会ではちょっとできないだろうから、「神様を手助けしよう」と思ったわけよ。私は探検家だからさ、もうちょっと証拠《しょうこ》を集めて、手助けしようと思ったわけよ。

綾織　確かに、教会が説いている「創造論」には、矛盾《むじゅん》が数多くあります。これに対し、「進化論」によって、生物の真実を明らかにしようとした試《こころ》みには、十九世紀のお仕事としては、非常に素晴《すば》らしいものがあったと思います。ただ、「人間と動物をつなげて考える」という点は、当時も、「宗教的には問題がある」という理由で、非常に物議を醸《かも》したわけです。

このあたりについては、今、振《ふ》り返ってみて、修正が必要なのではないでしょうか。

ダーウィン　ここは問題なんだよ。つまり、「進化論」の問題は、神学論争にかかわってくるんだよな。

キリスト教では「人間には魂《たましい》が宿っている」とする一方で、「動物には魂がない」ということになっとるけど、「人間は動物から進化してきた」ってなると、「じゃあ、魂は、どこで、どうやって人間に入るのだろうか」ということが分からないわけだ。

もし、そうだとすると、モーセの『創世記』に「神が人間を創られた」と書かれていることが嘘《うそ》になる。「モーセ以降の宗教家、預言者は全員嘘をついた」ということになると、結局、神様が嘘をついたことになってしまう。

そうすると、私はまずい立場になるので、「そういうことには深入りしないで、淡々《たんたん》と証拠を集め続けよう」と思ってやっておるんだけど、「魂の問題」は、ちょっと分からないな。

ただ、うーん……。でもまあ、西洋の神学でも、「動物には魂がない」っちゅうのは統一理論だからさあ。「人間の魂があるかどうか」については、私の領域を超《こ》えてるんで、分からんなあ。

「地動説」のように過去の常識を引っ繰《く》り返したかった

綾織　ご本人としては、もともと、「キリスト教で説かれている内容を補強・補完するために、この仕事をしよう」という目的を持たれていたのでしょうか。

ダーウィン　だから、まあ、その、あれよ。天文学でも、「地動説」と「天動説」

の違いがあったじゃない？　「『地動説』など、ありえない。地球は動かず、一点で止まっており、宇宙の星が回っているだけだ。それでこそ神の創られた世界だ」と教会が思ってた天動説を、結局、引っ繰《く》り返していったよな。

まあ、いくら研究・観察をやっても、その結果、「ほかのものが回っている」というのが分かってくりゃあ、別だけど、「地球も回っているし、ほかのものも回っている」ということが、だんだんに分かってきたら、まあ、しかたないじゃないか。ね？　昔の人には分からなかっただけなんだから、そういうことを、わしは、「進化論」のなかで、ちょっとやってみたかったんだよな。

綾織　確かに、「神学に不備のある部分や矛盾のある部分を補強する」ということは、ひとつの仕事ではあったと思うのですが、やはり、その後の時代への影響《えいきょう》が大きく、「ダーウィン進化論」をもとに、「人間は〝機械〟である」「魂はない」

などと考える「唯物論《ゆいぶつろん》」が広がってしまいました。こうしたものの影響によって、今、あなたは少し暗い所におられるのではないかと感じるのですが、いかがでしょうか。

ダーウィン　でもさあ、君、正直に訊《き》くけどさあ、本当に、塵《ちり》や埃《ほこり》みたいなものを集めて、それをこねてさ、人間の形をつくり、鼻から息を吹《ふ》き込んで人間になったと思うか。

綾織　『聖書』に書かれていることは……。

ダーウィン　それよりかはさあ、やっぱり、「もしかして、人間は、猿か類人猿《るいじんえん》が、あるとき直立歩行して、言葉をしゃべれるようになったものではないか」と思うほうが、なんか本当のように見えないか。

綾織　しかし、「アメーバから勝手に生物が進化していく」というのは難しいと思います。

ダーウィン　それは、まあ、難しい。それは、誰《だれ》かが理論的に補強しないといかんことだけども、なんとなく、「『種の進化』ということは、事実として否定できないのではないか」っていう感じは、どうしてもするんだよな。
「自然界には、単に『弱いもの』と『強いもの』があって、『強いもの』が『弱いもの』を食って生き残った」という考え方は、誰もが認めることだが、「環境《かんきょう》の変化等があったなかで、『生き延びられたもの』と『そうでないもの』があった」という考え方もあるだろう?

例えば、「氷河期《ひょうが》」だとか、「温暖期」だとか、いろいろあるけど、環境は当然変わるだろうなあ。食物も変わるし、状況《じょうきょう》等も変わってくるから、その環境の変化に対応して生き延びたやつは知能が高いはずだよな。

だから、「『知能の劣《おと》るものが滅《ほろ》び、高いものが生き延びる』というようなことを繰り返しているうちに、だんだん高度なものが出てくる」っちゅうのは、ありえるような気がするじゃないか。なあ？　それらを全部つないでいく理論のところは、もうひとつ分からないけど、われわれの研究は〝証拠物件〟を並べていくようなものだから、それを並べていくうちに、なんとなく、こういうふうになってきたんじゃないかなあ。

ただ、あんたがたが「人間」だとして、その人間と、猿やキツネ、ゾウやワニやヘビが共存してるところが、ちょっと分からない感じはするんだよなあ。なんでだろう。

綾織　動物として残っていますからね。

ダーウィン　「ヘビが滅びて、〝こっち〟になった」って言うんならわかるんだが、「共存している」ということは、「それなりに適応している」ということだろう？　だから、「適応しているのに、違うものが出る」って、どういうことなんだろうかなあ。

綾織　その部分は、地上の肉体生命だけでは説明ができないところであり、やはり、「目に見えない神の意図が働いている」というように考えるのが自然だと思います。

ダーウィン　まあ、でも、ガラパゴス諸島みたいな所に行けば、ほかの所にはいないような生き物もいるから、やっぱり、「ほかの所と交流のない所では、独自の進化があったのではないか」っちゅうことも考えられるわけだよな。だから、「環境要因によって、いろいろな生物ができたのではないか」っちゅう感じはするよねえ。

3　ウォーレスをどう見ていたか

「霊的《れいてき》進化論」を自然科学者としての堕落《だらく》と考えるダーウィン

村田　あなたは、ウォーレスという方を覚えていますか。

ダーウィン　うん、知ってるよ。

村田　最初、ウォーレスさんは、あなたと同じような進化論を見出《みいだ》しましたが、のちには、「霊的《れいてき》な進化論」といいますか、「霊界《れいかい》からの作用によって、生命の進化が起こっている」というようなことも言っていたと思います。

それに関して、あなたは、どのように考えておられましたでしょうか。

ダーウィン　まあ、自然科学者としては「堕落《だらく》」なんじゃないかな。そんなのに頼《たよ》ったら、駄目《だめ》だわな。

村田　なるほど。

ダーウィン　うん。実証的にやらなければ駄目だよ。

村田　実証的にやらないといけないわけですか。

ダーウィン　やっぱり、そっちに入ったら終わりだな。それを言ったら、もう、

「神様が宇宙を創った」で終わりだからね。そういう世界に入っちゃうから、それは、科学者としては駄目で、やっぱり、あくまでも、証拠《しょうこ》、証拠、証拠で行かないといけないない。うん。

村田　なるほど。

ウォーレス論文を勝手に発表してしまった理由

村田　ウォーレスさんとの関係について、少しさかのぼっていきたいのですが、一八五八年に、彼から、突然《とつぜん》、論文が届いたかと思います。

ダーウィン　うん、うん。エヘヘヘ。

村田　あなたは、それをご覧になって、いかがでしたか。

ダーウィン　君、警察か？

村田　いいえ（笑）。単に興味があってお訊《き》きしているのですが。

ダーウィン　まあ、わしみたいに徳のある人間は、いろんな人から情報提供をされるんだよ。つまり、「自分で発表する力がないから、その代わりに発表してほしい」って、いろんな人が、いろんな情報を提供してくれるんだよな。

私は、そういう「学界の代表」みたいなもんだからさあ、君、そういう警察官みたいな目で見るんじゃないよ。

村田　ただ、「事実を明らかにしたい」と思っているだけです。

ダーウィン　君ねえ、「ダーウィン」の名さえ冠《かん》すれば、とにかく、みんな信じてくれるんだよ。だから、ウォーレスもそう願って、いろんなものを送ってきたんであってだね……。

村田　当時の研究発表を振《ふ》り返って、いかがですか。

ダーウィン　あんた、嫌《いや》な顔をしたな？　今、嫌な顔をしてる、この人。なんか、すごく嫌がってるような気がする。

村田　（笑）当時の研究発表を見ると、ウォーレスさんのものはキチッとした論文になっていたのに対し、あなたのものについては、執筆《しっぴつ》年代としてはウォーレスさんより古いのですが、単なる着想のような「メモ書き」と「手紙の一部」というかたちで発表されています。

ダーウィン　うーん、うーん、うーん。まあ、私は研究者だから、なんと言うかな、そういう、「活字になるかどうか」っていうようなことは、ブン屋さんの仕事だろう。研究者としては、もう二十年も前から気がついていたことだからね、うん。

村田　しかも、あなたの友人の学者たちがいろいろと尽力《じんりょく》した結果、あなたのエッセイや書簡をウォーレスさんとの共同研究のように発表し、ウォーレス論文よりも先に紹介《しょうかい》したことによって、「『進化論』は、主にダーウィンのものである」

という定説《ていせつ》をつくったという経緯《けいい》もあるようですが。

ダーウィン　うーん。というよりも、ウォーレスは〝発狂《はっきょう》〟したからさあ。だから、発狂した人を進化論の名に冠されると、やっぱり、みんな困るから、学界の支持が私に集まったのよ。私、悪い陰謀《いんぼう》なんか、何にもない。

村田　「発狂した」というのは、どういう意味ですか。

ダーウィン　いや、そら、「心霊主義」に走ったからさあ。

村田　ああ、やはり、それをそのようにおっしゃるわけですか。

ダーウィン　教会だって、心霊主義みたいなものは認めてたわけじゃないんであってね。イエスの時代にはあったかもしれないけど、イエスがいない時代に、そんなものを認めるわけにはいかないんだよ。それを認めたら、牧師だって、神父《しんぷ》だって、みんな無職になるんだからさあ。そんなもの、認めるわけにはいかんのは、教会も一緒《いっしょ》なんだよ。

村田　あなたは、「進化論」の着想があったのに、どうしてそれを二十年も温めておられたのですか。

ダーウィン　だからねえ、「なぜ、進化の系統樹が極端《きょくたん》に割れて分かれるのか」が、どうしても理解できなくてねえ。

村田　そこですよね。

ダーウィン　だから、それを埋《う》めるものがあれば分かるんだけど、どうしても、そこが分からなかったんだなあ。

村田　それに関して、ウォーレスさんは非常に明快に、「生物は、このように進化・発展していくのだ」と理論づけておられたと思うのですが。

ダーウィン　うーん。まあ、彼は貧乏《びんぼう》だったからね。私から、お金か何かを恵《めぐ》んでもらうことを求めてたんじゃないかな。そんなの、よくあることじゃないか。大学生が書いた論文を、教授がそのまま使い、「君は大学に残してやるから」と言って、そのまま学術誌に載《の》せてしまうなんて、よくある話じゃないか。

村田　今のたとえ話で、「自分のときも、事実上、そういうことだった」と認めているわけですか。

ダーウィン　まあ、分かりませんがな。とにかく、私に対する世間の信望が厚かったからね。うん。

村田　「少なくとも、ウォーレス本人に確認をしてから共同発表すべきだった」と思うのですが。

ダーウィン　うん、だから、共《きょう》……。

村田　まったくそれもなしに、あたふたと発表されたようですよね。

ダーウィン　ウォーレスはプライドが低かったからさあ。彼は「虫屋《むしや》さん」だろ？　虫を研究してて、虫集めをして、虫を分解したりして喜んでるような虫屋さんだから、政治力みたいなものがあんまりなかったんだろうねえ。私には、そういう、「世間を動かす政治力」が、ちょっとあったんでな。

村田　「政治力」ですか。

ダーウィン　うーん。まあ、「頭がよかった」ということかな。うんうん。

村田　そのため、「誰《だれ》が最初の発見者であるか」という〝名誉《めいよ》〟の問題が蔑《ないがし》ろにされてしまったわけですね。

ダーウィン　いや、でも、わしなくしては、やっぱり、「進化論」は成立しなかったかもしらん。実際に、いろんな所を踏破《とうは》して調べたのは事実だからな。それで、本を書いてベストセラーになったのも事実だからな。まあ、『種の起源』や『ビーグル号航海記』が、人類に新しい真理の光を与《あた》えたんだよ。

村田　事実上、「ウォーレスの件は認めた」ということでしょうか。

ダーウィン　まあ、それは、どの研究者にだって、「助力者」っていうのは、いろんなところにいるものじゃないかな。だから、それはそれで、採用してもらっただけでもありがたいものじゃないか。な？

4　ダーウィンは「神」を超《こ》えたのか

神不信に傾《かたむ》くきっかけとなった「長女の死」

村田　それでは、次の質問に移ります。

先ほど、あなたは、ご自身について、「神の手助けをした」というような言い方をされましたが、そのことに関して疑問に思うことがあります。

あなたの個人ヒストリーを見ると、あなたには、とてもかわいいアンという名の長女がいらっしゃいましたが、一八五一年に十歳《さい》で病死されていますよね。

ダーウィン　うん。やっぱり、あんたがた、警察の人じゃないか？　なんか嫌《いや》な感じがする。探偵《たんてい》か？

村田　あなたは、大学で神学《しんがく》を学ばれたんですよね？　「敬虔《けいけん》に神を信じる立場」で勉強していたはずです。それなのに、ビーグル号に乗り、いろいろな生物を見ていくうちに、「『神によって生命は創造された』という『旧約聖書』の教えは間《ま》違《ちが》っているのではないか」というような疑問から「進化論」を発案し、そして、それを二十年間、ずっと温め続けていた。

そのプロセスのなかで、お子さんの死が襲《おそ》ってきた。それによって……。

ダーウィン　うーん。やっぱり君、探偵だな。

村田　いやいや（笑）。

ダーウィン　なんか、最近、そういう推理物が流行《はや》ってるからさあ。

村田　いえいえ、事実を並べているだけです。

ダーウィン　あん？　インスペクター（調査官）か。

村田　事実を並べているだけなのですが。

ダーウィン　ああ、そうお？

村田　ええ。

ダーウィン　〝証拠《しょうこ》〟はまだ十分揃《そろ》ってないなあ、探偵さん。

村田　ご長女の死に対して、あなたはどのように感じられましたか。

ダーウィン　うーん、「適者生存《てきしゃせいぞん》の法則」（注。ハーバート・スペンサーの説。この考えを、ダーウィンは『種《しゅ》の起源』に「自然選択《せんたく》説」として採《と》り入れた）から外《はず》れたんだろうなあ。なぜか、この世に生存できなかったんだろうなあ。

村田　「適者生存」ですか。

ダーウィン　もし、神がそのへんのことを考えているとしたら、やっぱり許せんなあ。

村田　許せない？

ダーウィン　うーん。

綾織　長女を亡《な》くされたときのあなたの言葉として、「神様がいるならば、なぜ、こういう悪が存在するのか」といったものも遺《のこ》っています。

ダーウィン　あ、君も探偵局の仲間か？　事務所、一緒《いっしょ》にやってるんだ？

綾織　いえいえ。あなたの伝記のなかに書かれていたことなのですが、それを読ませていただいて、「非常に苦しい思いをされたのだな」と感じたのです。やはり、このときの経験が、神に対する否定的な思いへと転化したのでしょうか。

ダーウィン　いや、私は科学者だからね。そんな一つの事件で、すべてを引っ繰《く》り返すほど不用心《ぶようじん》な男じゃないから、研究は研究として、主観を無くして、ただただ、客観的に調べ続けておったよ。

『新・新約聖書』のつもりで書かれた『種《しゅ》の起源』

綾織　それでは、最終的に、キリスト教の信仰《しんこう》は持ち続けていらっしゃったのでしょうか。

ダーウィン　まあ、キリストは、あの時代に、あれでも真理を発見したから迫害《はくがい》されたんだろうけど、私にも、「自分が〝新時代のキリスト〞なのかな」という感じはちょっとあったなあ。いや、むしろ、「キリストの真理を超《こ》えたかな」という感じだったし、ある意味では、「『モーセが教えを受けた』とかいうヤーウェを超えたのかな」という感じはあったわなあ。

つまり、「『ヤーウェが全知全能の神で、この天地を六日《むいか》で創り、一日を日曜日として休まれた』というのが嘘《うそ》だと見破ったところで、神の智慧《ちえ》を超えたのかな」という感じはあったなあ。うーん。

綾織　そうすると、あなたは、『種《しゅ》の起源』を〝新しい聖書〞として出されたわけですか。

ダーウィン　そうなんだよ。実はね、私は〝聖書〞を書いたんだよ。つまり、私は〝創世記〟を書いたわけで、まあ、あえて言えば、〝新しいヤーウェ〟が私ということかな。アハハハハハ。

綾織　確かに、それが逆に〝信仰〟を集めてしまったところはあります。

ダーウィン　まあ、信仰は信仰だよなあ。

綾織　その後の生命科学では……。

ダーウィン　君、「そのおかげで、世の中には、産業革命以降の流れがある」ということを、ちゃんと理解しなきゃいけないんだよ。

産業革命の流れのなかでねえ、やっぱり、「人間は『神』以上の者だ」っていう考えが、非常に強く出てきたわけよ。だから、「ものづくり」の世界で、昔の人たちではつくれない、いろんなものがつくれるようになった。

偉《えら》いと言われた「預言者」だとか「神」だとかいうような者は、何もつくれない。もう、農業や漁業でしか生きられなかった。

イエスの時代だってそうだけどさあ、そんな時代から、産業革命が起きてね、船はつくれるわ、鉄道は通せるわで、世界中を旅行できるようなすごい時代が来たのなら、もうこれは、〝人間が神を超えた時代〟に入ったというわけよ。

この理論的根拠《こんきょ》づけを、誰《だれ》かがしなければいけなかった。それをやるためは、「創世記」を破る人が必要だったんだよ。うん。

綾織　しかし、人間は、産業革命当時から、「機械」をつくることはできましたが、いまだに「生命」をつくることはできません。したがって、いくら、「人間は偉大《いだい》だ」と言っても、「生命の神秘」の部分は、人間の自由にならない神の領域にあるものだと思うのです。

ダーウィン　うーん、そこはねえ、主観的に考えれば、「信仰」というものでごまかされたら、それで終わりになっちゃうんだけども、それは、「事実としてはどうなのか」ということだよなあ。

私は、〝点〟と〝点〟とを結んでいるだけだから、それを全部は説明し切れない。ただ、〝永遠の研究者〟ではあるんだけど、やっぱり、「大昔の地球に生きていたものが、そういう原始的な生き物であったことは間違いない」と思うんだ。それが、あるとき、もうちょっと高度な知性を持ったものに変わってきたに違いない。

確かに、長年生きている間には、先ほど言った「弱肉強食」もあって、強いものが生き延びたこともあろうし、強いものが弱いものを食べて体が大きくなったこともあるだろう。また、いろんな危機から逃《のが》れるために知恵《ちえ》も身につけただろうし、地球環境《かんきょう》の変化に合わせて生き延びたものもあっただろう。

人間の知能が発達したのは、あるいは、恐竜《きょうりゅう》のようなものから逃れるために、いろんな武器をつくり出したりしたからかもしれないしなあ。

だから、いろいろ考えてみると、「神様が全部創りました」っていうわりには、やっぱり、この世の中は矛盾《むじゅん》に満ちとるし、完全じゃないわなあ。「神は『完全』にして『善』なるものなり」っていうのが神学なんだけど、どう見ても、そんなことはない。

ガラパゴス諸島から南方の島々を見ても、やっぱり、「食うか、食われるか」を、ずっとやってますよ。神が創った世界が完全であるなら、こういうことはおかしいわなあ。だから、やっぱり、それは、「自然状態」なんだよ。

綾織　やはり、「『神の完全性』に対する不信が根っこにある」と考えてよいわけですね。「神はパーフェクトだ」と見ることができなかった、あるいは、信じることができなかったわけですか。

ダーウィン　うん。私は、「時代を二千年動かした」という感じがしてるわけよ。「イエスも知らなかった真理」を発見したような気持ちはある。

綾織　先ほど、「ヤーウェを超えた」という話もありましたが、それは……。

ダーウィン　だから、次の「二千年後」には、ヤーウェに代わって、「ダーウィン」という名が、新しい〝聖書〟に書かれているはずだ。『新・新約聖書』は

「ダーウィンの進化論」から始まるわけだ。

綾織　『旧約聖書』や『新約聖書』のなかには、「生命の神秘」の部分が十分に説かれていない、あるいは遺されていない面もあるとは思います。

ダーウィン　やっぱり、不思議だろ？　不思議じゃないか。なんで君は生きてるわけだ？　ねえ。分からないじゃない。人間って不思議だよな。

生物学の世界で「神の死」を実証しようとしたダーウィン

金澤　こんにちは。私からも質問させていただいてよろしいでしょうか。

ダーウィン　あー、はあ。

金澤　先ほどからお話を伺《うかが》っていますと、「信仰心はあった。神を信じている」とおっしゃりながら、実は、全然信じておられないように感じられるのですが。

ダーウィン　まあ、それはそうだけども（会場笑）。

それはねえ、「頭がよくなりすぎた人」の傾向《けいこう》だから、しかたがないんだよな。

やっぱり、研究をしてると、どうしてもそうなるからさあ。

神様が完全だったらさあ、ご飯なんかつくらなくたって、食卓《しょくたく》に「ご飯の完成品」がボンと現れれば、それですむわけだけど、実際はだねえ、人間が、農作物や魚なんかの材料を集めて、それを調理して、初めて食べられるようになるんじゃないかな。

だから、その「人間の営み」を軽く見すぎたことは、人間の自己卑下《ひげ》だな。

金澤　そうした、「神を信じない」、あるいは、「自分が神になった」「自分は神を超えた」などという考えは、あなたの「進化論」にも表れていると思います。

けれども、宗教を信じている者の立場から言えば、そのような考え方は神様を冒瀆《ぼうとく》していると思いますし、さらに、それが地上に広がることによって、人類すべてに、「自分たちはもう神を超えたのだ」という驕《おご》りが出てくると思うのです。

例えば、『共産党宣言』を出したマルクスという人を、あなたもご存じかと思いますが、マルクスは、あなたの『種の起源』で説かれている「進化論」を読んで、神に決定的な打撃《だげき》を与《あた》える説として、非常に喜んだそうですね。

さらに、ニーチェという人が、「神は死んだ」と語ったことによって、本当に……。

ダーウィン いや、それはもう、そうなんだよ。それは「秘密」なんだけど、そうなんだよ。

金澤 「秘密」ですか（苦笑）。けれども……。

ダーウィン だけどね、哲学《てつがく》では、本当はカントが〝神の首〟を切り落としたんだよなあ。つまり、神のことを難しく解読できないように書いているから、みんな、分からないだけでね。実際、彼が言ってることは、要するに、「理性が神に成り代わった」「神が理性に代わった」ということなわけよ。

それを難しく書いてるから、普通《ふつう》の人には暗号のようで分からないけど、賢《かしこ》い人が読めば、言ってることは分かるわけだね。

その後、「フランス革命」が起きて、「人間たちの理性が世界を支配する」というようになったわけよ。それを私は、生物学の世界で実証し、裏付けようとしてるので、「哲学界のカント」は「生物界のダーウィン」っちゅうことでもあるわけだなあ。

心霊《しんれい》主義を断《た》ち切ったおかげで自然科学は発達した？

金澤　では、あなたが『種の起源』を出して「進化論」を唱えたのは、「この地球上に『神』や『神を信じる人』がいなくなる」ということが目的だったわけですか。

ダーウィン　いやあ、そんなふうに思ってるわけじゃないけど、まあ、『聖書』は読んだよ。読んだけどさあ、昔の「預言者」だとか「メシア」だとか言ってる者を現代に引き寄せてみたら、そんなに完全な人ではないし、必ずしも道徳的でもない。そういう人たちが何か教えを説いてるけども、ある意味では、「私だって、そういう創始者になれるようなものを持ってるのかなあ」と感じてたんだよ。インスピレーションは受けたし、霊示《れいじ》のような、霊感のようなものは受けていたのでね。いろんなところで、ピキピカピカピカピカピカピカッと来たからさあ。

金澤　その〝霊感〟というのは、頻繁《ひんぱん》に受けていたのですか。

ダーウィン　いろんなところでピカーッと来るものがあったなあ。だから、昔の預言者っちゅうのは、今で言やあ、私みたいなものだったんじゃないかなあ。

綾織　「どういう存在からインスピレーションが来ていたか」ということについては認識されていますか。

ダーウィン　えっ、「どういう存在か」って？　それは、わしみたいに地球の進化を司《つかさど》ってるような者から見りゃあ、〝宇宙神《しん》〟だろうね。

綾織　当時、十九世紀半ばの時代状況《じょうきょう》としては、確かに、「キリスト教に対する信仰が揺《ゆ》らいできていた」とは思うのですが、その一方で、先ほども話に出てきた「スピリチュアリズム」、すなわち心霊主義の運動が起こり、「心霊現象を数多く実証することによって、キリスト教に足りない部分を補っていく」という動きもあったわけですよね。

このスピリチュアリズムに関し、ダーウィンさんの伝記には、「交霊会に出席しようとしたこともあったが、なぜか直前になって逃《に》げ出した」という話もありまして、やはり、この部分をどう受け入れるかが非常に大きいのではないかと思うんですね。

ダーウィン　いやあ、それはねえ、キリスト教的にも、それ（スピリチュアリズム）を言う者を「いかがわしい」と見ることは正統だったから、私は、そういう批判をされる立場にはないと思うなあ。

綾織　当時のキリスト教から見ると、そうだったかもしれませんが。

ダーウィン　キリスト教的に見ても、教会に行くのはいいけど、そういう交霊会なんかに行くのは正統ではない。やっぱり、それは、「騙《だま》し屋のテクニック」っちゅうか、いかがわしいものや詐欺《さぎ》が横行しておったからねえ。そういうものって、けっこうトリックが流行っておったのでねえ。トリックがいっぱい使えたからさあ、そのへんはねえ……。

綾織　なかにはそういうものもあったとは思いますが、すべてをトリックと決めつけるのは、いかがなものでしょうか。

ダーウィン　手品師みたいなことをやれば、なんでもいけるんだよ。だから、そういうものと一緒じゃないかと思うんだなあ。

金澤　科学者としては、「そういう〝分からないもの〟に対し、まずは、自分自身も臨《のぞ》んでみる」という姿勢が大事なのではないでしょうか。それが「科学的な態度」だと思うのです。

そういう意味で、ウォーレスさんは、スピリチュアリズムを科学的に研究しようとしていたと言えるのではないでしょうか。

ダーウィン　いやあ、私は研究熱心だったからね。まあ、何をやるかは、そりゃ自由だけどさ。遊びでやるのはいいかもしらんけど、そんなものは研究の対象にはならないわな。

金澤　単に、そういうことが「理解できなかった」のではありませんか。

ダーウィン　うーん、私には、あまりに高度な知性があったために、なんちゅうかなあ、そういう幼稚《ようち》なトリックに引っ掛《か》かるほどバカではなかったけど、ウォーレスの場合、そういうものに引っ掛かっちゃったところを見ると、ちょっと知性が足りなかったんだろうな。

金澤　そうすると、あなたは、「人間の魂《たましい》」や「霊的な存在」といったものを、一切《いっさい》、否定されたわけですか。

ダーウィン　うーん。

金澤　あなたには十人のお子さんがいらっしゃいましたが、そのうちの三人を病気で亡くされていますよね。あなたは、その三人のお子さんについて、「死んだら何もなくなってしまうのだから、天国にもいない」などとお考えだったのですか。

ダーウィン　うーん。

金澤　確か、あなたの奥様《おくさま》は「信仰心の篤《あつ》い人だった」というように伺っていますが、あなたは、その奥様の影響《えいきょう》などを受けなかったのですか。

ダーウィン　いや、もう分かった。君らは、みんな、探偵事務所の同僚《どうりょう》なんだ。分かった、分かった。うん、だいたい分かったけどさあ。どっかから手が回っているんだろうとは思うけど、なんて言うかなあ、私はねえ、やっぱり、なんか大きな使命を帯びてたような気がするよ。

まあ、ある意味では……、そう、〝科学界のナポレオン〟だな。うん、ナポレオンだ。ナポレオン的革命家だと思うな。

綾織　おそらく、天上界《てんじょうかい》の計画としては、「まずダーウィンが活躍《かつやく》し、さらに、ウォーレスがそれを引き継《つ》いで、霊的な部分も入った『進化論』を打ち立てる」という計画だったのではないかと、私は推測しているのですが、「後世への影響」という意味では、ここを断《た》ち切ってしまったところが非常に問題だったのではないでしょうか。

ダーウィン　というか、別に、引っ繰り返そうと思えばできただろうけど、のちの科学者たちは、基本的に、みんな、私のほうに付いているわけだからさ。

自然科学の研究って、やっぱり、その心霊主義みたいなものを断ち切らないと発達しなかったんだよ。

5　再び、「死後の行き先」を問う

「私は死んでいない」と言い張るダーウィン

綾織　先ほど、あなたは、「洞窟《どうくつ》のなかにいる」と言われていましたが、それは、「死後、非常に厳しい判定をされている」ということなのではありませんか。

ダーウィン　それは、君、幻影《げんえい》だな。
私は探検家だから、洞窟にいるのは当たり前じゃないか。何言ってるんだ。

綾織　それは、やはり、「後世に唯物論《ゆいぶつろん》的な科学の流れをつくった」ということによって、他の霊人《れいじん》たちから隔離《かくり》されている状態だと思うのです。

ダーウィン　後世に唯物論的な流れをつくった？　隔離された？　なんか、今、ちょっと意味不明の言葉が並んだな。

綾織　いえいえ。人間という存在を、「単なる機械だ」と位置づけたことによって、後世に悪《あ》しき影響《えいきょう》を与《あた》えたために、今、そのような状態に置かれているわけです。

ダーウィン　いや、そうは言ってないけど、「動物と人間とを隔《へだ》てる壁《かべ》は、そんなに大きくないのではないか」ということは感じてたよなあ。

綾織　本当は、その〝壁〟が非常に大きく、隔絶しているわけです。その部分の間違《まちが》いが霊的に判定されて、今、あなたは暗い世界にいるのだと思います。

ダーウィン　ただ、あんたがたはどうだか分からんけど、イギリス人がアフリカに行って黒人を見たときには、てっきり、「これは猿《さる》が進化したものだ」と思うたもんだよ。英語もしゃべれんからな。

だから、私の考えは、「大航海時代」からの延長にあるわけであって、世界認識として大きくずれてるわけではないんだよ。

綾織　ウォーレスさんの場合には、「黒人をイギリスに連れていったあとで教育を与えれば、イギリス人と同じような知的レベルになる」ということに気がついておられたようです。

ダーウィン　あいつ、嫌《いや》なことをするなあ。

綾織　しかし、チンパンジーをイギリスに連れていって勉強させても、そのようにはなりません。やはり、「動物と人間とを隔てる大きな壁があり、この両者は違うものだ」ということですね。

ダーウィン　そうだな。「脳が完成している」と言うんだろ？

綾織　はい。

ダーウィン　やっぱり、それは分からんなあ。地球の果てまで調べてみないと、まだ、どんなのがいるかは分からないじゃないか。

綾織　その部分が間違いだったために、あなたは、今、キリスト教で言うところの「地獄《じごく》」にいるのではないでしょうか。

ダーウィン　君たち、「地獄」っちゅうのは、キリスト教的には大変なことなんだよ。

綾織　大変なことです。

ダーウィン　大変なことなんだよ。キリスト教の「地獄」っちゅうもんはねえ、「もう二度と出られない」ってことなんだからさあ。

綾織　はい。今、出られない状態だと思うのですが。

ダーウィン　ええ？　「出られない」って、何言ってるんだ。そりゃあ、洞窟の探検っちゅうのは、大変なんだからさあ。そんな簡単に……。

綾織　あなたの周りには誰《だれ》もいませんよね？

ダーウィン　ええ？　まあ、生き物を探してるんだけどなあ。今、うーん……。

綾織　あなたが亡《な》くなってから、すでに百数十年たっていますが。

ダーウィン　まあ、それは仮説だな。君の仮説だ。「人間の寿命《じゅみょう》が二百年以上ある」ということを、君が仮説として立てたわけだからさあ。

綾織　いえいえ。すでに亡くなっていて……。

ダーウィン　そんな、生きてるのに、君、なんちゅうことを言うんだ。
　要するに、「私が二百年以上生きている」っていう仮説を、君は立てたわけだ。それを私は実証してるのかもしれないけれども、「二百年がたったかどうか」を証明するものはないわな。うん。

綾織　しかし、亡くなったという意識はあるわけですよね？　晩年には心臓が悪くなったそうですが。

ダーウィン　うん？　「亡くなった」って……。まあ、病気はしたことがあるような気もするがな。だって、また旅に出たんだよ。元気になってねえ、探検に出ているのよ。

綾織　そうすると、また元気になって、旅に出たつもりでおられるわけですね。

ダーウィン　研究のし残しを完成しなくちゃいけないからさあ。「種《しゅ》の起源」から、「種の発展・進化」まで説かないと、やっぱり、完成しないじゃないか。

綾織　実際にはお亡くなりになっています。

ダーウィン　君ね、そういう言い方は失礼だよ。初めて会った人に対して……。

ダーウィンの〝時計〟は止まっている

綾織　残念ながら、あなたは「暗い世界」にいらっしゃるようですね。

ダーウィン　君ねえ、牧師の資格でも持ってるわけ？

綾織　まあ、牧師のようなものですね。

ダーウィン　ああ、そうお？　そういう断定的な言い方をするのは、僧職者《そうしょくしゃ》の専売特許だからさあ。「地獄に堕《お》ちるぞ」っちゅう……。

綾織　はい。この会場にいるのは、みな、僧職者です。

ダーウィン　あー、君ら、もしかしたら、「悪魔《あくま》の手下」かなんかじゃないか。

綾織　いえいえいえ。

村田　もし、それが仮説だとしても、あなたが、「自分はすでに死んでいる」という目で見たときに、「いまだに、自分が、話をし、ものを考えることができる」ということに関しては、どう思われますか。

ダーウィン　まあ、進化論的に行くと、「寿命が二百年以上に延びた」っちゅうのは大変なことだなあ。それはすごい進化だわ。

村田　いや、そうではありません。「自分がすでに死んでいると仮定したときに、今もなお、そのようにものを考えている事実を、どう思うか」とお訊《き》きしているのです。

ダーウィン　だって、君たちは、僕《ぼく》の名前を知ってるんだろう？　だから、まだ同世代人だよ。

村田　いや、はるか後世の人間ですが。

ダーウィン　そんなことはない。君、それ、ちゃんとイギリス紳士《しんし》の格好をしてるじゃない？（背広姿の村田を指さす）（会場笑）

村田　（苦笑）これは、そういう……。

ダーウィン　うん。みんな、そんな格好をしてる。まあ、ハットは着けてないか。

村田　ええ。ハットはありません。

ダーウィン　まあ、室内だからね。うん。

金澤　あなたは、「洞窟のなかで、ずいぶん時間がたっている」とは思わないのですか。お食事などはしていますか。

ダーウィン　君ねえ、探検のときには、やっぱり、水がなかったり、食料がなかったりすることがあるし、漂流《ひょうりゅう》することだってあるしね。だから、こう、天井《てんじょう》から滴《したた》る水をなめながら生きとるわけよ。

金澤　水だけで生きているのですか。

ダーウィン　うーん、いやあ……。

金澤　それはすごいですねえ。

ダーウィン　「何かあったら、イモリでも何でも捕《つか》まえて食べてやろう」と思って、いろいろ手探《てさぐ》りしとるんだけど、なかなか捕まらんのでなあ。うーん。何かが意地悪しとるんだ。

金澤　そのように、「食べずにいられる」というのは、どういうことなのでしょう？

ダーウィン　いやあ、それはまあ、人間、食べなくても、一週間ぐらいは大丈夫《だいじょうぶ》なんだよ。

金澤　要するに、「時間が止まっている」ということですね。

ダーウィン　「時間が止まっている」っちゅう言い方はよく分からないが、時計はもう止まってるなあ。

金澤　〝時計〟は止まっているわけですね。なるほど。

進化論は「神学《しんがく》の進化した姿」なのか

ダーウィン　うーん。君らは、いったい何なんだ。ああ？

金澤　私たちは「幸福の科学」の者です。

ダーウィン　そんなの、知ってるわけないだろうが。

金澤　ええ。知らないでしょうね（苦笑）。
実は、「エル・カンターレ」という神がいらっしゃいまして……。

ダーウィン　そんなん、知らんわ。

金澤　その神が説かれている「進化論の真実」は、「そもそも、生命とは、大宇宙の根源なる神が創られたものである。『生命が環境《かんきょう》に適応して変化する』ということが一部にあるのは事実だが、現代の科学が主張しているような、『タンパク質のかたまりから生命が生まれ、人間ができてきた』という類《たぐい》のものではない」という教えなんですね（『不滅《ふめつ》の法』〔幸福の科学出版刊〕第4章参照）。

ウォーレスさんは、そのへんのことを信じていらっしゃったと思うのです。

例えば、人間の持っている芸術的なセンス、ユーモア、ウィットに富んだ会話などは、基本的に、動物には見られないものです。

そこで、ウォーレスさんは、「『抽象《ちゅうしょう》的な思考ができる』といった、人間独自の特殊《とくしゅ》な能力などは、『自然選択《せんたく》』の考え方では絶対に説明ができない。そこに、目には見えない信仰上《しんこうじょう》の存在、宇宙からの介入《かいにゅう》が、何かあったのではないか」と考えられました。それを「神」と言ってもよいと思うのですが、あなたは、どうお考えになりますか。

ダーウィン　いや、まあ、ウォーレスさんは、基本的に中途半端《ちゅうとはんぱ》だったんじゃないかねえ。だから、「解明できないものがいっぱいある」というのを、全部、神様のほうに持っていかないと落ち着かなかったんだろうな。私ほど、理性に基《もと》づいてやれなかったんじゃないかなあ。

二千年前とか、何千年も前の人たちの意見を、現代、そのまま信じるっていうの？　まあ、気持ちは分かるけどね、世の中は、もう、産業革命以降、非常に発展しとるわけよ。

だから、やっぱり、そういう「神学《しんがく》」などの理論も発展しなきゃいけないわけで、私の「進化論」も、ある意味で、〝神学〟なんだよ、一種のな。まあ、「神学の進化した姿」なんだよ。「新しい神学」なんだよ。だから、ダーウィンに基づいて世界は動いているわけだ。私が世界を動かしてるわけよ。

綾織　新しい『聖書』をつくられたというお話がありましたが、今、二〇〇〇年代は、もっと進歩した時代です。この時代に、新しい『聖書』となる位置づけの教えが説かれております。

先ほど、お名前が出ましたが、「エル・カンターレ」という神が下生《げしょう》され、日本において法を説かれています。そのなかで、ダーウィン進化論とはまったく逆の、「生命創造の秘密」が明らかにされております。

もし、今、あなたが地獄にいらっしゃるとするならば……。

ダーウイン　「地獄、地獄」って、そんな簡単に言わないでくれよ。

綾織　そこから救われるいちばんよい方法があるとしたら、それは、エル・カンターレに対して祈《いの》っていただくことです。

ダーウィン　地獄だって、探検してみないことには分からないんだし、私も、そんな十分に探検できてないから、分からないんだよ。

私は、洞窟にいるんであって、地獄にいるわけじゃないんでね。

綾織　今の時点では、「隔離されているという状態」だと思うのですが。

ダーウィン　隔離されてる？　誰がそんなことをするんだね。

綾織　今は、地上の人に影響を与えることができない状態ですか。

ダーウィン　うーん。でも、なんか、神のごとく尊敬されてる感じがするなあ。

綾織　その意味では、現代に影響を与えている状態なのでしょうか。

ダーウィン　名声に包まれている感じがする。名声に包まれている人が、老齢《ろうれい》を押《お》して再び航海に出て、「新しい種を探そう」と頑張《がんば》って探検に行っているうちに、遭難《そうなん》でもしたのかなあ。今、捜索隊《そうさくたい》が出てるんだろうとは思うけど、まだ見つけられていないんじゃないかなあ。

綾織　現代という時代において、「ダーウィン進化論」の影響は大きすぎるので、やはり、これを終わらせることが、あなたを救うことにもなると思います。

そのためにも、私たちは努力して、正しい教えを伝えていこうと思っておりますので、ぜひ、あなたも、幸福の科学とエル・カンターレについて学び、新しい一歩を踏《ふ》み出してください。

ダーウィン　そうは言ったってさあ、突然《とつぜん》、君が出てくるわけがないじゃない？〝粘土《ねんど》〟をこねて、君ができるわけはないから、やっぱり、「いちばん似ているもの」って言やあ、エイプだよなあ。あれが、「背広を着て、マイクを持って何かしゃべったり、字を書いたりするようになった」と、そう考えるほうが、やっぱり合理性は高いよね。うん。

洞窟《どうくつ》の下のほうから「崇拝《すうはい》する声」が聞こえる

村田　「あなたの時間」は止まった状態のようですが、そのあと……。

ダーウィン　「時計」が止まっとるんであって、「時間」は止まっていない。

村田　あなたは、そうおっしゃるわけですが、その後、地上の歴史はどんどん進んできています。そのことについては、やはり、情報がまったく入ってこないわけですよね？

ダーウィン　分からんなあ。

村田　「分からない」ということですね。

ダーウィン　私は〝探検〟してるだけだから、分かんない。ただ、世界中から、〝尊敬の声〟は聞こえてくる。

村田　〝尊敬の声〟ですか。

ダーウィン　うーん。私が洞窟《どうくつ》を探検してるのは分かるんだけど、なんか、〝下〟のほうから声が聞こえるんだよ。

村田　〝下〟のほうからですか（苦笑）。

ダーウィン　うーん。声が聞こえて、何か崇拝《すうはい》されているような感じがする。

村田　そうですか。

ダーウィン　私は、〝神〟のような感じなのかなあ。崇拝されている感じがする。

村田　先ほどのあなたの「進化論」の説明を聞いていますと、「『目に見えるもの』だけを調査し、その結果のみによって、考え方を組み立てている」というように思いました。

そういう意味で、先ほどの話のなかにも少し出てきましたが、同時代にマルクスの『共産党宣言』が発表され、世の中に「唯物論」がかなり蔓延《まんえん》したと思うのですけれども、あなたは、それについて、どのようにお考えだったのですか。

ダーウィン　いや、人間はねえ、ついに、神に勝ったんだよ。

村田　ああ、そのように考えておられたわけですか。

ダーウィン　だから、産業革命で蒸気機関の発明をして以来、人間は神に勝っているんだよ。「どうやら、人間は神よりも偉《えら》いらしい」ということが分かったんだ。「『古代の神』よりも『現代の人間』のほうが上だ」ということが分かったわけよ。

つまり、われわれが〝神〟であるから、われわれは〝創造者〟なんだよな。

金澤　それでは、一つだけ、お訊きします。

あなたは、小さいころから、ご両親に連れられて教会に行っておられたはずですし、大学では神学を学ばれたはずですので、普通《ふつう》にいけば、神を信じる人間になると思うのですが、いったい、何をきっかけにして、神を否定するような、あるいは、神を恨《うら》むような人生観へと変わっていかれたのでしょうか。

ダーウィン　いやあ、別に、神を否定してるわけじゃなくて、「研究者としての名声が上がった」というか、「私のことを神のごとく崇《あが》める人が数多く出てきた」というか……。

金澤　名声が欲《ほ》しかったのですか。

ダーウィン　いやいや、別に、そういうわけじゃない。私は、地味な研究家ですから、そんなわけじゃないんですけども、まあ、「時代精神」だな。

そうだ！　「時代精神」なんだよ。時代が私を必要としたんだよ。それを説明するものが、何か要《い》ったんだよ。哲学《てつがく》だけでは十分じゃなかったし、産業革命だけでも十分じゃなくって、「人間とは何か」を説明する、もう少し実証的な学問が要ったんだよな。それで、「進化論」っていうのが、そのすべての隙間《すきま》を埋《う》める学問になったわけだ。

キリスト教会も奇跡《きせき》など信じていない

綾織　最後に、キリスト教の教えのなかに、「転生輪廻《てんしょうりんね》」という考え方はありませんが、もし、あなた自身の「生まれ変わり」についてお分かりになるようでしたら、お教えいただけますでしょうか。おそらく、過去世《かこぜ》でも科学的な分野で仕事をされていたのではないかと思うのです。

ダーウィン　あー、君は原始人か。ええ？　私みたいな世界最高の科学者に対して、何を訊いてるんだね。え？

確かにね、そういう未開の土人《どじん》には、たくさん会いましたよ。君みたいな信仰を持ってたよ、うん。

いやあ、私は否定しないよ。確かに、土人たちは、そういう信仰、いっぱい持ってたからさ。まあ、頑張りたまえ。

綾織　（苦笑）ありがとうございます。

ダーウィン　槍《やり》でも磨《みが》いて頑張れ。うん。

綾織　やはり、「神を超《こ》えた」という部分が……。

ダーウィン　まあ、超えたんじゃないかなあ。

綾織　その考え方こそ、今、あなたが「暗い世界」に行ってしまっている理由だと思います。

ダーウィン　暗い……、暗いのかなあ。

綾織　ぜひ、その点を反省されて、「周りに人がいるような世界」にお還《かえ》りいただければと思います。

ダーウィン　これはねえ、あるいは、私は祀《まつ》られているのかもしれないねえ。巨《きょ》大《だい》な神殿《しんでん》のなかに祀られているのかもしれない。あまりにも神格化されたために、〝外に出てはいけない〟ぐらい祀られてるような感じも、ちょっと、するなあ。

綾織　このあと、先ほど話題に出ましたウォーレスさんもお呼びする予定になっておりますので、そのあたりの話もお聞きできるかと思います。

村田　私から一つだけ申し上げたいのですが、あなたは「目に見えるもの」をベースとした範囲《はんい》でしか考え方を組み立てていません。そのことを指摘《してき》しておきたいと思います。

ダーウィン　だから、今、「見えない」って言ってるんじゃないか。何を……。

村田　ええ。「それが科学者である」というような態度でいらっしゃるわけですが、最初にあなたもおっしゃっていたように、科学者の歴史のなかには、「神への信仰をしっかり持った上で、『神の存在証明』のために科学を追求した人々」も数多くいるのです。

ダーウィン　いや、それは、火あぶりにならないように用心《ようじん》しただけだろう。

村田　え？

ダーウィン　火あぶりにならないためには、そう言わないとな。

村田　そんなことはありません。

ダーウィン　信じてなくても、信じているように言わなければ、火あぶりになっちゃう。

村田　いや、決して、そんなことはないです。

ダーウィン　私の時代になって、やっと火あぶりが止まってるんでね。

村田　霊的な方面に関する、あなたの調査研究は極《きわ》めて不十分です。「独断と偏《へん》見《けん》に基づいて、最初から否定してかかっている」ということだけは、しっかりと申し上げておきたいと思います。

ダーウィン　教会だって、そんなに信じてるわけじゃないからね。
君ねえ、教会の人だって、奇跡《きせき》なんて、そんなに信じてないのよ。

村田　「当時のキリスト教会に限界があった」ということは、もちろん、そのとおりでしょうが、だからと言って、それが真実かどうかは別だと思います。

ダーウィン　あれは、ただの〝文献学《ぶんけんがく》〟よ。ねえ。だから、「古代の学問」を読んどるだけよ。私は、現代に、実地で研究してるんだからさあ。

村田　「この世界はどうなっているのかを、本当の意味で探究していくような、『白紙の目』で見る探究心が非常に大事である」ということを、最後に付け加えておきたいと思います。

ダーウィンに最後の説得を試《こころ》みる

ダーウィン　まあ、よう分からんけど、君たちが「僕と話せた」ということはだね、とうとう、「僕の居所《いどころ》を捉《とら》えた」ということだから、もうそろそろ、レスキュー隊も来るってことだろ?

村田　そうですね。

ダーウィン　食料と水を持ってな。

綾織　その救いをもたらすのが、今、日本に生まれていらっしゃる大川隆法総裁であり、エル・カンターレという神なのです。

ダーウィン　もういっちょ分からんなあ。君ねえ、そういう分からんことを言われると、困るんだけどなあ。

綾織　この名前を覚えておいてくだされば思います。

ダーウィン　うーん、まあ、私がこんな目に遭《あ》わされる理由は特にないのでなあ。だから、誰かに閉じ込《こ》められて……。あっ、そうか！　土人がつくった何かの罠《わな》にかかったか。「動物を捕まえよう」と思って、私を捕まえたんだな。

綾織　ぜひ、救いを求めてくだされればと思います。

村田　あなたご自身の思いが、今、あなたの周りの世界をつくっているのです。

ダーウィン　うーん、そうなのかなあ。

村田　ですから、「あなたの思い」を変えてください。

ダーウィン　「思い」と言ったって、分からないなあ。

金澤　神を信じれば救われると思います。ただ、あなたが、今、神をまったく信じていないので、天使たちも救いに行くことができないのです。

ダーウィン　そうじゃなくて、なんかねえ……。

金澤　今、何も見えないんですよね？　真っ暗な世界なんですよね？　あなたは、光を見たくないのですか。

ダーウィン　何か監視《かんし》されているような感じがする。バスティーユの牢獄《ろうごく》のように、なんかねえ。

金澤　監視されている？

ダーウィン　これは革命を起こさなきゃいけない。〝フランス革命〟が必要だ。

綾織　世界に悪しき影響を与えないために、今、あなたは、霊的に閉じ込められた状態になっているのだと思いますよ。

ダーウィン　そんなことをしたって、私の影響は、すでに全世界に広がっておるだろう。そんなのは無駄《むだ》な抵抗《ていこう》だよ。それは「悪魔の試《こころ》み」だな。

金澤　いえ、あなたの考えていたこと、あなたが思想として出したものが、今、〝毒水《どくみず》〟となってこの地球を覆《おお》っているので、それを覆《くつがえ》すために、主エル・カンターレという方が、今……。

ダーウィン　だから、知らん。

金澤　正しい「進化論」、すなわち、「霊的進化論」を説いて、それを世界に広めようとしておられるのです。

ダーウィン　うーん。まあ、知らんけども、とにかく、私と対立するぐらいの人を「主」だの「神」だのと言うとるなら、私は、キリストに代わるぐらいの人間なんだろうな。やっぱりなあ。

綾織　この方は、イエス様が「天なる父」と呼んだ方ですので、ぜひ、救いを求めてくだされればと思います。

ダーウィン　まあ、なんでもいいから、君、とにかく、トカゲの一匹《いっぴき》でも持ってこいよ。

綾織　トカゲはともかく、主に祈るようになれば、あなたの願いも聞き届けられるようになりますよ。

本日は、遠いところをおいでいただきまして、本当にありがとうございました。

ダーウィン　こんなに人類に貢献《こうけん》した人間に対して、君らはいったい何なんだ？　正体を明らかにしろよ。レスキューならレスキューらしく、ちゃんとしなさいよ。

金澤　もうそろそろお帰りください。

ダーウィン　探偵局《たんていきょく》なら探偵局でもいいけどさあ。

村田　私たちの正体は、「神の使い」です。

ダーウィン　あ？　そんな、嘘《うそ》つけぇ！　「神の使い」のはずないだろうが。なんか、おかしい。なんだか、これ、おかしいんだよなあ。

綾織　それでは、いったん大川総裁の外に出てくだされば と思います。このあと、ウォーレスさんの霊をお呼びいたしますので、ぜひ、横で話をお聞きいただければと思います。

ダーウィン　よく分からないんだよ。ああ。

村田　「神は、長い間、あなたの気づきを待っておられる」ということです。

ダーウィン　ああ？　なんだか、よく分からない。

金澤　あなたを「反面教師」とさせていただけることは、本当にありがたいと思っています。

ダーウィン　「反面教師」って……。こんな偉大《いだい》な教師に対して、君は、なんちゅうことを言うんだ。

金澤　人類の反面教師とさせていただきます。ありがとうございました。

村田　ありがとうございました。

ダーウィン　（舌打ち）ひどいなあ、なんか、もう。

大川隆法　はい。

「お帰りください」とのことですので、帰ってください（手を一回叩《たた》く）。

次の霊言《れいげん》を見ていても構いませんが、いったん、外に出てください（手を一回叩く）。

6　ダーウィンの「功罪《こうざい》」について

大川隆法　うーん、もう、こういう人のパターンは共通しています。特に、「時間が動いていない」という点は、みな、ほとんど同じですね。

綾織　はい。時間が止まっています。

大川隆法　つまり、それは、「亡《な》くなった後の情報が入っていない」ということですよね。

綾織　はい。そうですね。

大川隆法　マルクスなども同様でしたが、これは、やはり、ある種の隔離《かくり》がなされていると見るべきでしょう（『マルクス・毛沢東《もうたくとう》のスピリチュアル・メッセージ』〔幸福の科学出版刊〕第1章参照）。霊界《れいかい》で隔離されていても、あれだけ影響《えいきょう》が出るのですから、すごいですね。

しかし、これは、「サタンにしないための慈悲《じひ》」なのでしょう。自由に活動させたら、もっとやるでしょうからね。これでも、ずいぶん長く大きな影響を与《あた》えていますのでね。

その一方で、ダーウィンには、プラスの面もあるのだろうとは思います。例えば、西洋医学なども、そのほとんどは、こうした流れから出ているものでしょうから、そういうプラスの面もあるために、おそらく放置されている部分もあるのでしょう。

まあ、さまざまな可能性は探究しなければいけないのでしょうが、うーん、困りましたねえ。

ただ、彼は、「古代の神様を超《こ》えた」とか「預言者を超えた」とか言っていましたが、それは、生前、神学《しんがく》を学んでいた時期もあるからなのでしょう。

村田　そうですね。

大川隆法　神学を学んでいたから、そのように言っているわけですね。

古代と、当時の最先端《さいせんたん》だったイギリス辺りとを引き比べたら、ものすごく発展感があったのでしょうね。そのため、宇宙や世界が見えてきたような感じがしたのでしょう。

村田　はい。確かに、そういう面もあったと思います。

大川隆法　未開の人と比べると、産業革命後のイギリスの人たちは、おそらく、〝神〟のごとき存在だったのでしょう。

村田　ただ、それがゆえに、「越《こ》えてはならない一線」を越えてしまったわけです。

大川隆法　当時は、彼自身、それほど大きな影響が出るとは思っていなかったのかもしれません。現代と違《ちが》い、本を出しても、それほど多くの人が読んだわけでもないでしょう。本を読む人は少なく、仲間内で評判になるぐらいのレベルだったのかもしれません。

そういう意味で、「その後、『進化論』が広がったのはなぜか」というところに問題はあるわけですね。

おそらく、「教会制度と戦っている面があった」というのは、そのとおりなのでしょう。西洋においては、「中世の教会支配による『暗黒時代』との戦いのなかから近世ができてきた」という流れがあります。当時、宗教戦争をはじめ、さまざまなことがあったので、そういうものから逃《のが》れたかったのでしょうし、もう少し、世の中を理性的なものに変えたかったということもあるでしょうね。

それでは、ダーウィンについては、以上とします。

第2章

「霊《れい》的《てき》進化論」が拓《ひら》く未来

――ウォーレスの霊《れい》言《げん》――

二〇一二年一月十九日　霊示

東京都・幸福の科学総合本部にて

アルフレッド・ウォーレス（一八二三～一九一三）

イギリスの生物学者、心霊《しんれい》主義者。生物の進化の仕組みに関する理論を見《み》出《いだ》し、それを論文にしてダーウィンに送ったところ、ダーウィンの小論と併《あわ》せて共同発表されたため、進化論の提唱者の一人とされている。生物学等において貴重な研究成果を幾《いく》つも遺《のこ》したが、心霊研究にも踏《ふ》み込《こ》み、心霊主義を擁護《ようご》したため、当時の科学者やマスコミから批判された。

質問者

村田堅信《むらたけんしん》（幸福の科学大学学長〔就任予定〕）※

綾織次郎《あやおりじろう》（「ザ・リバティ」編集長）

金澤由美子《かなざわゆみこ》（幸福の科学指導研修局長）

［役職は収録時点のもの］

※仮称・二〇一五年四月開学に向けて設置認可申請予定

1 ウォーレスが考える「進化論」とは

進化論の提唱者の一人、ウォーレスを招霊《しょうれい》する

大川隆法 では、ウォーレスさんを呼んでみましょうか。

(大きく息を吐《は》く。両手を胸の前で交差させ、瞑目《めいもく》する)

ダーウィンの同時期において、同じく進化論の結論に辿《たど》り着きながら、心霊《しんれい》主義を捨てなかった方、アルフレッド・ウォーレスよ。「事実は頑固《がんこ》である」と言い続けたウォーレスよ。どうか、幸福の科学総合本部に降りたまいて、先ほどの

ダーウィンの言葉も聴《き》いた上での、あなたのお考えをお述べくださるよう、お願い申し上げます。
アルフレッド・ウォーレスの光、流れ入《い》る。ウォーレスの魂《たましい》、流れ入る。ウォーレスの魂、流れ入る、流れ入る、流れ入る。

（約十秒間の沈黙《ちんもく》）

ウォーレス　（あごひげをなでるようなしぐさをする）
綾織　ウォーレスさんでしょうか。
ウォーレス　うん。

綾織　私は、幸福の科学の雑誌を編集している者で、綾織といいます。

ウォーレス　ああ、そう。

綾織　よろしくお願いいたします。

神や霊魂《れいこん》を否定してはいけない

綾織　先ほど、ダーウィンさんをお呼びし、お話をお聴きしたところ、ダーウィンさんは、洞窟《どうくつ》のなかの非常に暗い所にいて……。

ウォーレス　ああ。うーん。

綾織　「隔離《かくり》されている」とのことだったのですが、ウォーレスさんは、今、どういう所にいらっしゃるのでしょうか。おそらく、ダーウィンさんとは違《ちが》う所におられると思うのですが……。

ウォーレス　うーん。私は、今のこの流れを、全部、否定するわけではないんだけど、「変えなくてはいけない」と思ってはいるんです。やっぱり、神を否定したり、霊魂《れいこん》を否定したりしてはいけないんですよ。

私は、今で言えば生物学かな？　熱帯のいろいろな虫などをたくさん集め、解体したりもして、研究していた。

その目で見たら、先ほどの話にもあったようだけど、「交霊会には何のトリックもない」ということが実際に分かったんだ。私の部屋でやっても、きちんと心霊現象は起きるので、虫屋《むしや》の目で見て、トリックがないことぐらいは分かり、「やっぱり、霊的なるものは存在する」ということを確信したんだよ。

だから、ある意味では、「神が生かしてくれていた」というか、つっかい棒で私を支えてくれていたような気がする。私が進化論を説くに当たって、それが間違ったほうに行かないように、神が私を後押《あとお》ししていたような気がしてならないんですね。心霊現象のほうに急速に惹《ひ》かれていったのを見ると、「私が間違わないように、私にそれをやらせようとしていたのかな」という気はするな。

ダーウィニズムやマルキシズムは「人類に与《あた》えられた試練」

綾織　天上界《てんじょうかい》の計画において、ダーウィンさんとウォーレスさんには、ある意味でのバトンタッチというか、役割分担のようなものがあり、天上界には、「それによって進化論をもっと発展させよう」というお考えがあったのでしょうか。

ウォーレス　それについて、私には分かりかねるところがあるんだけれども、今の流れは人類に与《あた》えられた大きな試練なのかな。そう思うなあ。

マルクスの共産主義も、ダーウィニズムとの共振《きょうしん》、共鳴で生まれていると思うけれども、ダーウィニズムやマルキシズム等は、やっぱり、神、あるいは神学《しんがく》への挑戦《ちょうせん》だよな。また、哲学《てつがく》においても、神を否定する哲学が出てきたと思うけど、やっぱり、人類は試練のなかにあるんだと思う。

「科学文明の発達と同時に、そういうもの（神）を忘れていくかどうか」というところが試《ため》されており、人類は試練にさらされているような気がするね。

私の役割が、どこまであったのか、分からないけれども、ダーウィンの同時代に、ウォーレスという人間を出すことによって、神は〝大きな疑問符《ぎもんふ》〟を同時に置かれたんだろうと思うんだな。人々がそれ（ダーウィニズム）を完全なものとして受け入れないようにするため、私をこの世に遣《つか》わされたのかなと思うけどね。

現代は「キリストの再臨」が必要な時代

綾織　本来、ダーウィンさんは、どうすべきだったのでしょうか。

ウォーレス　うーん。何というか、コロンブス、マゼラン以降、人々は地球一周の航海をしておりましたから、次に、科学者たちが、ヨーロッパとは違う地域で、いろいろな植物や動物を研究する時代が来るのは、歴史的には必然だよね。

交通手段が発達したら、当然、そうなるべきであるから、そういう人は出てくる。ダーウィンでなくても、きっと出てきたと思うから、これは、「出るべくして出た」と思うんですけどね。

そして、「当時は、地球の秘密を知ることによって、人間に、『神に成り代わろうとするような気持ち』が出てきた時代でもあったのかな」という印象がありますね。

だから、それと同時に、霊的な現象を起こす宗教のようなものも、たくさん出てきてはいるんですね。

要するに、ドイツの観念論哲学以降、フランス革命を経由して、理性信仰《しんこう》が広がり、それと人間機械論とが同じように流れてきて、神や霊を否定しても生きていける、この世のユートピアをつくる運動が起き始めた。

それに警鐘《けいしょう》を鳴らすものは、いろいろなかたちで出てはきたんだけど、「理性信仰や人間機械論という、その大きな流れは、一定のところまで行かないかぎり、止《と》まらない」というところはあったと思うんだよね。

ただ、ソ連邦《れんぽう》の崩壊《ほうかい》以降、共産主義のほうにも、いろいろと苦難の道が始まって、長い文明実験が終わりつつあるように、「霊的なもの、魂的なものを否定した上での、医学や生物学、理学、工学などの理系の発展」にも、ある意味でクエスチョン（疑問符）が付けられなくてはいけない時代に、今、来ているんだと思うんだね。

今あなたがたがやっている仕事は、そういうものなんじゃないかと思うんだよ。だから、本来の姿に戻《もど》る必要がある。

要するに、教会が全部を縛《しば》り上げて、一切《いっさい》、新しい研究を認めず、全部を悪魔《あくま》の所業《しょぎょう》としてしまい、研究できないようにする状態は、いいことではないね。

「悪魔が病気を起こす」という考えもあったけど、実際には、いろいろな病原《びょうげん》菌《きん》が発見され、それが原因でコレラやペストが流行《はや》ったりすることも発見されたし、また、それに対する薬も発明された。

唯物論《ゆいぶつろん》のなかでも、そういう戦いは起きてはいるわけだから、これは、ある意味での進化であることは事実だと思うんだけども、「それで信仰を失うような世の中になってはならない」というブレーキは、もう一つある。

ただ、この世的なものの研究が進んでいく過程においては、一時期、教会勢力など、古い考え方で縛る勢力が、多少、退潮し、退《ひ》くように見えることがあるけど、それ自体には、長い目で見たら、しかたがないところもあるのかなと思う。

極端《きょくたん》まで行けば、揺《ゆ》り戻しが入ってくるものだし、おそらく、「キリスト（救世主）の再臨」がなければならないんだろうと思うね。「世の中が間違ってきて、間違った繁栄《はんえい》の状態になり、人類が堕落《だらく》した場合には、この世の終わりが来て、キリストが再臨する」という時代が、過去に何度もあったんだろうと思うから、今も、そういう時代に向かってきたのではないかと思うな。

きっと、そうなんじゃないの？　あなたがたがやっているのは、そういうことなんじゃないの？

神や霊界《れいかい》が存在しても、進化論は成り立つ

綾織　私たちは、まさに、宗教と科学、信仰と科学の融合《ゆうごう》の仕事をさせていただいていると思っています。そういう観点に立ったとき、もし、ウォーレスさんが、「今の時点で、進化論をイノベーションし、霊的《れいてき》な思想を入れていく」ということを、仕事としてなされるならば、それは、どういう内容の進化論になると考えておられますでしょうか。

ウォーレス　私は、「神が存在し、霊界が存在しても、進化論は成り立つ」と思っているけど、「それを信じるか、信じないか」は人の素質の問題であってね。ただ、「神がいて、進化を促《うなが》す」ということは、あってもいいじゃないですかねえ。

「地球ができて、いろいろな植物が繁茂《はんも》し、動物の時代が来て、原始的な動物から高度な知的動物を創っていく」というのは、もし神が存在なされるんだったら、当然、計画されるべきことです。文明実験としては、当然、あるべきことですよね。

「この地球で、どこまで生物の進化がありうるのか、見てみたい」というのは、当然、神が願われるべきことだろうし、それの助力をしている人がいてもおかしくない。また、「動物の魂が変化していく」ということ、要するに、「魂における進化」が存在しても、おかしくはないと思うんだよね。

動物の魂を西洋では魂とは言わないのかもしれないけれども、例えば、「野獣《やじゅう》から家畜《かちく》になる」という変化を、進化の過程で辿ったとする。その場合、何らかの魂的性質の変化がないと、やはり、野獣から家畜にはならないところがあると思うんだな。

つまり、人間の生活を理解でき、人間の感情に共鳴できるような霊的資質が、動物にも宿らなくてはいけない。これは、「人間的な心の始まりとも言えるようなものが、ある程度、ある」ということだな。

だから、「進化は、実は霊肉《れいにく》の両面において起きることなのではないか」というのが私の観測ですね。両方で起きるんじゃないかなあ。

綾織 「肉体も進化するし、霊的にも、すなわち、魂においても、限りなく進化していく」ということでしょうか。

ウォーレス そうそう。両方なんじゃないだろうかね。肉体的なものや物質文明が進むことによって、霊的にもまた活動の範囲《はんい》が広がりますから、その意味において、魂的な進化もありうるんじゃないかと思うね。

あなたがたの国で言えば、昔の縄文《じょうもん》時代ですか、その時代に生まれたら、幸福の科学は存在しえないのではないかと思うんだよね。

時代が進化したこと自体は、この世での進化だけども、それは、悪いことではなく、「魂にとって、もう一段、濃度《のうど》の高い人生修行ができる」という意味では、いいことなんじゃないかと思う。

ダーウィニズムが広がりすぎたため、あなたがたは苦戦しているかもしれないけれども、だからこそ、あなたがたが説く宗教は、それなりの大きな力を必要とするようになってきているし、地球上に広がった、病原菌のような思想が幾《いく》つかありますけども、「それを退治していくこともまた、あなたがたの仕事なのではないか」という気はするね。

2　科学の発展と、宗教のあるべき姿

科学の発展に釣《つ》り合う宗教が出てくるべきだ

綾織　先ほどからお話をお伺《うかが》いしていますと、ウォーレスさんは幸福の科学についても認識しておられるようですが……。

ウォーレス　ああ。それは、してる。初期からしてるよ。

綾織　そうなんですか。

ウォーレス　初期からね。ええ。

綾織　十九世紀に「スピリチュアリズム（心霊《しんれい》主義）」の運動が起こった大きな理由として、「大川隆法総裁がお生まれになる準備のため」ということもあったとお教えいただいているのですが（『神秘の法』〔幸福の科学出版刊〕第3章参照）、ウォーレスさんは、そういう大きな計画についても、ご認識されていたのでしょうか。

ウォーレス　うーん。科学の発展、それから、先ほど言っていた、産業革命以降の物質文明の発展によって、人類が、馬車の片側にしか車輪がないような走り方をしたのでは、転覆《てんぷく》しますから、反対側も強くしなくてはいけない。そういうことはありますよ。

そういう意味で、新しい宗教も、いろいろなところに数多くできて、霊的現象、宗教現象をたくさん起こしたんだけれど、それを批判する勢力として、科学者だけではなく、もう一つ、マスコミも加わってきたんですね。

世界の動きを決めるのは、結局は人類の総意であり、「大勢の人が何を信じるか」ということなので、「言論の自由市場のなかで戦いが起きている」ということだよな。

先ほどダーウィンが言ったように、「カントが理性を神に置き換《か》えた」ということもあるけれども、ロックやホッブス、その他、いろいろな者が、いろいろ研究をして、結局、社会の防波堤《ぼうはてい》としての法律ができてきて、「法律に則《のっと》って政治をする」ということになり、間違《まちが》いを少なくすること自体はできるようになったわけだから、理性信仰《しんこう》そのものを、全部、間違っているとは言えないものがあるわけよ。それが人類の進化に寄与《きよ》した面はある。

その反面、信仰を失ってしまうところまで行ったら、それもまた間違いである。

ただ、ダーウィニズムなどの唯物論《ゆいぶつろん》的な考え方を、阻止《そし》するために起きた宗教等もかなりあるけれども、そのなかには、間違ったものも一部あって、宗教の側《がわ》でも、別途《べっと》、戦いは起きている。

だから、これは、すごく難しい問題だよ。

地球の人類の人数が増えて、価値観が多様化し、いろいろな文明実験が行われているわけだけど、「その混沌《こんとん》のなかから人間が何をつかみ出してくるか」ということが大事だな。

私は、「今は、ある意味でのミレニアム（転換《てんかん》期）の時期かな」と思っている。キリスト教の誕生から二千年がたち、今はミレニアムだと思うよ。キリスト教文明のミレニアムで、二千年紀が終わり、次の時代に入ろうとしているような気がする。

次の時代には、もう科学の発展を止《と》められない流れなのは当然だけども、同時に、それに釣《つ》り合うような霊性《れいせい》と、そういう信仰や神学《しんがく》がなければいけないと思う。科学時代や宇宙時代に釣り合う宗教が必要だね。

ただ、過去の宗教では無理だ。キリスト教でも仏教でも、ほかのものでも無理だから、今、この時期に、新しい宗教が、科学の発展と同時に出てくるべきだと思うよ。

西洋から見れば、「エル・カンターレ」について、少し分かりかねる面はあるけれども、これは、キリスト教文明から見れば、「キリストの再臨」ですよ。はっきりと、そういう運動に見えます。世紀末に現れたる「キリストの再臨」だと思いますよ。仏教的に見れば違うのかもしれないし、ほかの宗教から見ても違うように見えるかもしれないけども、これは、そういう意味だと思います。

キリストは、いちおう、人類が行き詰《づ》まったときに、再臨することになっているのだと思うので、エル・カンターレが、〝光る雲〟に乗って、やってこられているんじゃないですか。そのように思いますが。

金澤　ありがとうございます。

「新しい宗教」が各種の世界観を包含《ほうがん》しなくてはならない

金澤　話を少し前に戻《もど》してしまうのですが、先ほど出てこられたダーウィンさんは、私たちの目から見ると、本当に考え方が固まっていて、「目に見えないものは、全然、信じられない」という理由で、神や霊を否定しており、本当に、「お気の毒だな」と思いました。

もしも、ウォーレスさんの主張なさる進化論、すなわち、心霊主義とかかわった、本当の意味での進化論が、ダーウィンの思想に代わって地上を覆《おお》っていたら、世界の流れは大きく変わっていただろうと思うのです。

少し言葉は悪いですが、ウォーレスさんの理論の一部を、ダーウィンさんが盗《とう》作《さく》し、彼の経済力や人脈で、それがバーッと広がってしまったのだとしたら、非常に残念な気がいたします。

進化論の普及《ふきゅう》に関する、本来のご計画は、どういうものだったのでしょうか。あるいは、これも人類にとっての試練なのでしょうか。

ウォーレス　うーん。あのねえ……。うーん。人間の持っている認識力には限界があるからねえ。だから、何かの専門家になると、ほかのことが分からなくなることがあってね。
時計職人は、時計については詳《くわ》しいけど、時計じゃないものについては、やっぱり、そう簡単には分からないし、船をつくれるかといったら、つくれるわけではないよね。

だから、例えば、医者が、医学において、人体を解剖《かいぼう》したり、いろいろな実験をしたりして、人体の研究をすると、どうしても唯物論的にはなるんだね。

だけど、「宗教のほうも研究しよう」と思っても、宗教には古いものが多いから、なかなか信頼《しんらい》が置けないじゃないですか。昔の宗教を見たら、何だか、自分たちのやっていることが、おかしいような気になり、「何もするな」というような感じがしないわけでもないよね。

医者は、「腑分《ふわ》け」と言うんですか、人間の体を解剖し、人体の構造と類人猿《るいじんえん》などの体の構造が似ているかどうか、調べてみたりしているし、「臓器移植用の臓器を、ほかの動物でもつくれないか」と考えて、人間の臓器のようなものを豚《ぶた》の体でつくる実験などもして、今、いろいろなことをやっている。

また、遺伝子実験もやっているから、もう神の領域に入ってはいるね。

　ただ、昔の人間は遺伝子の存在を知らないにもかかわらず、人間には人間の遺伝子が存在していた。遺伝子による設計図があって、人間ができていた。「こういう遺伝子をつくろう」と思って、つくったものではないのに、遺伝子が入っていて、親子関係が連綿として続いてきて、〝コピー〟ができていたわけだね。

　こういう遺伝子の存在を見ると、やっぱり、「人間は創られたものだ」ということが分かる。人間は自然発生的なものではないね。はっきり言って、単なるタンパク質のかたまりから人間ができたとは思えない。人間には、ああいう高度な設計図が入っているものね。

　その設計図の創り主を、「地球発の神」と見るか。あるいは、あなたがたが言っているように、「宇宙から来たもの」と見るか。さらには、「宇宙から来たものも、その一《いっ》なる神の下《もと》にある」というような見方をするか。このへんについては宗教の側の仕事だから、私には何とも言えないけれども、「人間に設計図がある」

ということだけは、今、判明している。

そこまで判明させるためには遺伝子の研究が必要だったし、もともとは生物学的研究や医学的研究があったことも事実だよね。

ただ、その過程で、奇跡《きせき》があまり起きなくなってきたことも事実だ。

だけど、奇跡が起きて、病気が治ることがある反面、奇跡を信じないがゆえに、病気をこの世的に治す方法を考えて、努力した面もある。教会に行く代わりに、病院に行って治してもらっている人も現実にいるわけであり、そういう専門分化も起きたよね。これも、ある意味では、発展ではあるのかなと思う。

だから、やはり、「もう一段、新しい宗教」が、各種の世界観を包含《ほうがん》することが大事なのかなと思います。

私は、進化論に与《くみ》しながら、一方では心霊主義者でもあったけども、やっぱり、どちらかに傾《かたむ》く人が多いんですね。

コナン・ドイルという人が、ああいう面白《おもしろ》い小説を書きながら、心霊研究をやったにしてもだねえ、やっぱり、限界はあるわけよ。いくら物書きとして名を馳《は》せていても、心霊研究家としてのコナン・ドイルには限界はあるし、私のように、進化論を説きながら心霊主義に立っても、限界はあるだろうとは思うよ。

ただ、宗教を信じる人たちを、精神病院に入る人たちと同じように扱《あつか》う傾向《けいこう》が、近現代に出ているのなら、その責任の一端《いったん》は私たちにもあるだろうから、問題はあると思うけどね。

イノベーションを認める宗教が注意すべきこと

ウォーレス　まあ、「宗教はあってもいいんだけど、科学の進歩を止《と》めないでほしい」という願いが一方にはあるわけね。「科学的な進化を止めないでほしい」ということかな。

車なんかだったら、どんどん進化していくだろう。つくられ始めてから、現代まで進化してきているように、科学やテクノロジーの世界も進化していくんだよ。だけど、宗教のほうには、どちらかといったら、変わることを戒律的《かいりつ》に抑《おさ》えつけていく傾向があり、「不動のもの」で抑えてしまう。「永遠の真理」はいいんだけども、「永遠に変わらない」と考えてしまうと、世界の変化についていけないところがある。

唯一、あなたがたの宗教は、イノベーションを受け入れる宗教なので、珍《めずら》しい宗教ではあると思う。ただ、これだと、宗教的には、「永続できるかどうか」という危険をはらんではいるわけだね。

「イノベーション」と称《しょう》して、悪魔《あくま》の教えに入られたら、簡単に教義が変えられてしまうおそれがあるから、そういうことがないようにするため、教会は、イノベーションをかけさせず、最初の状態をずっと変えさせないように、戒律等で縛《しば》っているわけだね。つまり、「教義を人間の手で変えさせない」ということをやっているけど、これには、やっぱり、科学文明的な発展を止める面があるよな。教会は、人間が堕落《だらく》しないように、転落しないようにするために頑張《がんば》っているんだけど、これには発展を止めているところがある。

だから、あなたがたのように、イノベーションを含《ふく》んだ宗教があってもいいと思うけども、宗教自身の永続性のなかに、実は、危険な面が含まれている。

百年たったら、科学技術的には、ずいぶん違っている面もあれば、進んだ面もあるだろうから、先ほどの「六日間《むいか》で神が天地を創った話」じゃないけども、今から百年後の人は、幸福の科学の教えを学んでも、「ここが少し違う」だとか、「あそこが違う」だとか言うかもしれない。だけど、そう言われると、教義の無《む》謬性《びゅうせい》が崩《くず》れてくるので、そこから宗教が崩れるおそれがないわけではないね。

イノベーションを認める宗教は必要なんだけど、宗教としての永続性について危険性はある。だから、〝頑固な宗教〟のほうが永くもつ。そういう宗教には、岩のように長くもつところがあるんですね。〝流れる宗教〟は、川のようなもので、変化が止まらないからね。

そのへんの難しさは、ある意味では、あなたがたにもあると思うよ。

幸福の科学は、宗教にとって未知の領域に踏《ふ》み込《こ》んでいく

綾織　宗教の側から考えたとき、科学の側には、やはり、「越《こ》えてはいけない一線」があると思います。それは、「霊的なものを否定しない」ということだったり、「神よりも人間が上に行かない」ということだったりすると思うのです。

ところが、現代の科学においては、「iPS細胞《アイピーエスさいぼう》（人工多能性幹細胞）」に見られるように、生命の創造の領域に、若干《じゃっかん》、入りつつあり、この部分でも、科学者のなかには、ある種の傲慢《ごうまん》さが生じかねないところもあります。

ウォーレス うーん。そう。倫理《りんり》の問題だね。何が正しいか、分からないからね、教える者のほうが。

綾織 はい。この部分で、科学者の側にとって、「一線を越えないための考え方」とは、どういうものになりますでしょうか。

ウォーレス 「人間が人間をつくっていいのかどうか」という問題が、とうとう出てきたわけだよね。

同性愛結婚《けっこん》を認める国が、アメリカの一部の州やイギリスなど、先進国に出てきているけども、「男同士で結婚しても、遺伝子の部分を上手《じょうず》に使えば、子供をつくれないわけではない」ということが分かってきたよね。それは、つまり、

「卵子を借りてくれば、男同士で結婚しても、子供を生ませられないわけではない」ということだし、生命の創造もかなりできる可能性が出てきた。

また、「クローン人間」の問題等も出てきたよね。

だから、「生命倫理のところまで踏《ふ》み込《こ》める宗教が出るかどうか」ということが、今、非常に大きなテーマだね。

幸《さいわ》いなことに、こういう問題については、科学的に見て、まだ、ややマイナーなところで議論をしているところだな。

しかし、医学が、この世的な生命の維持《いじ》だけを、最終目標というか、御本尊《ごほんぞん》的に追求するものであれば、「何をやってもいい。とにかく、病気等がよくなればいいんだ」という考えになりましょうが、それに対して、「霊的な視点から見た価値判断を加えて、どうなのか」ということになりましたら、どこかで制限はかかるかもしれない。

医学が進歩すれば、人間は、百歳《さい》と言わず、二百歳、五百歳、千歳と生きられるようになる可能性もあるけども、これだって、たぶん、神の領域を侵《おか》すことにはなるよ。

いやあ、「千歳も生きる人間の時代に、どうやって文明をつくるか」っていう問題は出てくるよね。「自分の十代下の孫がいる」（笑）などという感じになってくると、おかしいことにもなるから、このへんは、もう神の領域に入るだろう。「どのように設計するか」ということだからね。

病気だって、ある意味では、ある程度、予定されてはいるんだろうと思うんだよね。地上から去るためには、やっぱり、肉体生命を捨てなくてはいけない時期が来るわけだから、何らかの破壊《はかい》作用が及《およ》ばなくてはいけない。医学は、そういうことと戦って、肉体生命が滅《ほろ》びないようにしようとしているけど、やっぱり、滅びの力はかかってはいるよね。

だから、このへんをどこまで許容するかは哲学《てつがく》や神学の問題になる。あなたがたは、これから、そういう、かつての宗教にとって未知の領域に踏み込んで、判断していかねばならないだろうね。

クローンであっても、「魂《たましい》が本当に宿るか、宿らないか」のところあたりでは問題が出るだろう。

あと、宇宙とのかかわり合いにおいても、とっても難しい問題が出るだろうね。要するに、宇宙からの生まれ変わりだとか、宇宙人から地球人への転生《てんしょう》だとかいうものが出てきたら、過去の宗教にとっては解明不能で、ほとんどお手上げ状態ですから。

でも、これは、宇宙科学が進めば、いずれ当然出てくる問題なのでね。

あなたがたは、そのときの橋渡《はしわた》しの部分の仕事を、今、しようとしているように、私には見えますけどね。だから、きっと、このイノベーションに勝てるんじゃないかなとは思いますがね。何とかなると思います。

3 ウォーレスの過去世《かこぜ》

宗教と科学の両方にまたがっている魂《たましい》

村田　お話をずっと伺《うかが》っていますと、非常に高いご見識をお持ちで、現代のことも含《ふく》め、非常に詳《くわ》しくお説きくださっています。また、先ほどは、幸福の科学について、「発足《ほっそく》当初から知っている」とおっしゃいました。

そこで、もし差し支《つか》えなければ、過去における活躍《かつやく》についてや、「現在、地上に生まれているかどうか」ということについて、お聴《き》かせいただければ、ありがたく思います。

ウォーレス　うーん。それは考えているよ。もちろん、考えている。お手伝いをするつもりでいるよ。大学をつくるんだろう？

村田　はい。

ウォーレス　お手伝いをするよ。

村田　ありがとうございます。

ウォーレス　理系も少しはつくってくれるんだろう？

村田　はい。未来産業学部というかたちで……。

ウォーレス　霊界《れいかい》と未来を合わせるつもりでいるんだろう?

村田　はい。

ウォーレス　そんなことができたものは今のところないから、ちょっと手伝ってやろうと思ってはいるよ。

村田　ぜひ、よろしくお願いいたします。

ウォーレス　何か手伝うよ。

綾織　それは、天上界《てんじょうかい》からご指導をなさるかたちなのでしょうか。それとも、地上にお生まれになる予定があるのでしょうか。あるいは、もうすでにお生まれになっているのでしょうか。そのへんに関し、明かしてもよい範囲《はんい》で、お聴かせいただければと存じます。

ウォーレス　うーん……。まあ、あまり言わないほうが、あなたがたのためにいいこともあるから、難しいんだがねえ。教団の内側だけで分かる話をしすぎると、外に通じないことがあるから、あまり言わないほうが幸福なこともあるんじゃないかとは思う。

まあ、私は宗教と科学の両方にまたがっている魂《たましい》です。昔だって、そういうことが必要な時代はたくさんあったのでね。だから、科学に換算《かんさん》されるような仕事を、いろいろとやったことはありますけども、宗教も同時にやっていたような、両方に関係する魂の一つです。

過去世《かこぜ》は古代ギリシャで活躍《かつやく》したタレス

村田　もし差し支えなければ、過去世《かこぜ》のなかで、私たちに分かるようなお名前を挙げていただけますでしょうか。参考にさせていただきます。

ウォーレス　うーん……。まあ、ギリシャで、いろいろな人たちが、一群の人たちが、数多く出た時代があったよね。そんなときに生まれたことはありますけどね。あることはありますけど、どうでしょうかねえ。うーん……。

でも、ウォーレスという名前が、もうほとんど消えているから、あまり言わないほうがいいんじゃないかな。名前がもうほとんど遺《のこ》っていない。あなたがたは、かすかに持ち上げてくれているが、ダーウィンの名前は遺っているのに、ウォーレスの名前は、もうほとんど消えかかっているからね。

綾織　これから復権をなされると思います。

ウォーレス　ギリシャの一群の人たち、いろいろなことを言った人たちのなかの一人ではあるよ。そのなかにはマルクスもいたそうだけれども（注。マルクスの過去世は古代ギリシャのエピクロスである。『黄金の法』第2章参照）、「私も、その一群のなかにはいた」ということだけは言っておくね。

金澤　あと……。

ウォーレス　ああ、タレス、タレスって呼んでよ（注。紀元前六二四ごろ～同五四六ごろ。古代ギリシャの哲学者《てつがくしゃ》で、「最初の哲学者」と言われている。万物《ばんぶつ》の根源を水と考えた）。はい。はい。はい。はい。

金澤　ありがとうございます。タレス様でございますね。

ウォーレス　まあ、いいや。まあ、いい。もう、しゃべっちゃった。だけど、今、偉《えら》くないからさあ、あまり、そういうことを言わないほうがいいんだよ。

金澤　でも、いろいろなことをご存じですから、お話を伺っていると、本当に勉強になりました。

仏教にも関係し、僧職《そうしょく》にかかわる仕事をした

ウォーレス　タレスというのは、実は仏教にも関係しているからね。

金澤　いつの時代に仏教と？　では、要するに、「主エル・カンターレとご縁《えん》があった」ということでしょうか。

ウォーレス　そうだね。

金澤　そうですか。

ウォーレス　うん。「ご縁があった」ということで、実は、仏教もやったことがあるんだよ。

金澤　仏教では、やはり、科学的なことでお手伝いをなされたのでしょうか。

ウォーレス　うーん。まあ、仏教はあまり科学的じゃない（笑）。

金澤　土木《どぼく》とか、いろいろ……。満濃池《まんのういけ》を修復した方（空海）もいらっしゃいますし……。

ウォーレス　まあ、あまり科学的じゃないがね。仏教はあまり科学的じゃないけども、仏教の教学をやったことはあるよ。そういう、僧職《そうしょく》にかかわる仕事をしたことはある。でも、そんな話は、ウォーレスの霊言《れいげん》としては、まずいんじゃないかな。しないほうがいいんじゃないか。

金澤　いえいえ（笑）。

幸福の科学大学に〝応援団《おうえんだん》〟を引っ張ってきたい

金澤　宇宙のことについても、かなりお許しかったので、一瞬《いっしゅん》、「この方の魂は、かつては宇宙人だったのかな」と思ったのですが……。

ウォーレス　うん。関係がある。宇宙にも関係があるよ、もっと古く言えばさ。それは、宇宙人リーディングだか、なんだか、やってくださるんなら、そのうち、きっと出てくるさ。いろいろ接点はあるよ。でも、それをあまり言うと問題がある。やっぱり、信用度が大事だからね。

金澤　そうですね。

ウォーレス　ダーウィンの〝洞窟説《どうくつ》〟は、はっきり言えば、かなり信憑性《しんぴょうせい》が高いよな。はっきり言って、高いけどさあ、ウォーレスの多様な転生《てんしょう》を語ることは、あまり、よろしくない。西洋の人は特に信用しにくいのでね。

金澤　はい。おっしゃるとおりだと思います。

ウォーレス　まあ、ほどほどになされたほうが……。

金澤　はい。

ウォーレス　「心霊主義をやった人だから、そのくらいのことは言うだろう」と思うかもしらんけど、あまり深入りはしないほうがよいのではないかな。なんか、そんな感じは、ちょっとするがね。

金澤 はい。それでは、お話をお伺いし始めてから時間もかなりたちましたので……。

ウォーレス 大学をつくるときには、また協力するから。

村田 ぜひ、本当に……。

ウォーレス 協力するつもりでいるから。

村田　よろしくお願いいたします。
ウォーレス　しっかり〝応援団《おうえんだん》〟でも引っ張ってくるよ。
村田　ありがとうございます。

4　「科学者で信仰者《しんこうじゃ》」が堂々と成り立つ世界を

金澤　今後、科学者にとっては、「科学と宗教の両立」ということが、ものすごく大きな使命になると思いますが、今の科学者、それから、子供たちも含《ふく》めて、これから科学者になろうと思っている、未来の科学者の卵たちに、「科学者として、こういう使命を担《にな》ってほしい」というメッセージを頂けたらと思います。

ウォーレス　信仰《しんこう》を捨てることによって科学が発展したように思っている人がかなり多いし、科学者のなかでも、「信仰を持っている」ということで、日陰《ひかげ》の身というか、隠《かく》れキリシタン風に生きている人がたくさんいるのでね。そういう人たちが、「科学者が信仰を持つことは、恥《は》ずかしいことではないのだ」と言えるような時代を、やっぱり、つくっていただきたいなと思うね。

「科学者が宗教を信じている」ということは、別に、恥ずかしいことでも何でもなく、〝紳士《しんし》のたしなみ〟として当然のことです。

また、「幸福の科学の教えからインスピレーションを受け、さまざまな科学的発展の種《たね》を得て、成功した」というようなかたちで、いろいろな未来産業などができてくることが、（科学の発展に宗教が必要なことの）大きな根拠《こんきょ》になってくると思うんですね。

そういう、「信仰と一致《いっち》した科学」、あるいは、「信仰から発展してくる科学」というものも、できたら、つくってほしいと私は思います。

あと、今まで、あなたがたが単に奇跡《きせき》と思っていたもののなかにも、科学的メカニズムが隠されているものもあるから、そういうものも発見なされていくとよいと思いますね。

そして、最大の目標、最終的な目標は、たぶん、「宇宙のなかの地球の存在について、どのように説明をつけていくか」ということでしょう。ここが、宇宙時代への扉《とびら》を開《ひら》くことができるところだと思うんです。

これが、たぶん、最後の問題として残ると思う。あなたがたは、そのためのヒントを数多く遺《のこ》さなくてはならない宗教だろうと私は思いますね。

それについて、今のあなたがたには、心の準備がまだ十分にできてはいない部分があると思います。

でも、考え方の原型のようなものを、今、遺そうとし始めていますね。

だから、「科学者であって信仰者《しんこうじゃ》である」ということが堂々と成り立つ世界を、どうか、つくっていただきたいと思うんです。〝隠れキリシタン〟じゃない。信仰を隠さなくてもいい。「科学者だから唯物論者《ゆいぶつろんしゃ》だ」というようなことを言わなくてもいい。そういう世界をつくっていただきたいと思います。

あなたがたの宗教では「病気治し」も起きているようだけども、だからといって、「病気治しがあるから、もう、病院は要《い》らないし、医学も要らない」というわけにはいかないところもある。医学には、万人《ばんにん》に効くものも、あることはあるので、やっぱり、それをきちんと受け入れるだけの器《うつわ》は必要だと思う。「ガン細胞《さいぼう》も神の創りたもうたものだから、大事にしなくてはいけない」などというわけにはいかないからね。そうはいかないので、「物心《ぶっしん》の両面から人間を考えていく」という態度が大事だな。

綾織　ありがとうございます。信仰が当たり前になる世界、「未来の科学は信仰者が拓《ひら》くのだ」という時代をつくっていきたいと思います。

ウォーレス　あなたがたの宗教は、その可能性のある唯一の宗教だと思うよ。
ぜひ頑張《がんば》りたまえ。

村田　はい。頑張ってまいります。本当にありがとうございました。

綾織・金澤　ありがとうございました。

大川隆法　（ウォーレスに）ありがとうございました。

5 「最終の法」を説くために必要なこと

大川隆法　歴史というのは、皮肉なものです。〝洞穴《ほらあな》〟のダーウィンが有名になって、ウォーレスの名前はうずもれてしまったり、お金に困ってピーピー言っていたマルクスの経済学が、地球の半分を制覇《せいは》してしまったり、世の中には不思議なことがよくあるものですね。まあ、しかたがありません。

でも、人間の心のなかに、そういうものと共鳴するものがあるから、そうなるのでしょうし、その一つひとつが、全部、文明実験なのでしょう。

人間が神に成り代わる哲学《てつがく》も、結局、ニーチェのところで極《きょく》まで行《い》ったのかもしれません。そして、ヒトラーが神に成り代わろうとして出てきたのでしょうが、悲惨《ひさん》な結果が生じました。

そのように、いろいろなことが文明実験として起きているのではないかと思います。

それから、「今後、人類が、新しい生命の創造にタッチできるかどうか」ということは、たぶん、「宇宙人の秘密」とかかわってくるだろうと推定されます。

したがって、当会は、ここまで話を進めていかなければなりません。

宇宙人のなかには、そういうテクノロジーを持っている者がすでにいると推定されますが、第一原理、すなわち、「最初は、いったい、どこから始まったのか」というところまで探《さぐ》らなくてはいけないわけです。「当会には、そこまでの使命がきっとあるだろう」と思っています。

そして、これが「最終の法」になるのだろうと思います。そこまで説かなければなりませんね。

そのためには、教団としての基礎力《きそりょく》が要《い》るでしょう。

また、大学をつくることも、信用獲得《かくとく》の手段の一つでしょう。当会を、ぜひとも、世間に受け入れられ、大勢の人によって信じられるものにしていかなくてはなりません。

しかし、まだまだ、その途上《とじょう》です。伝道をしても、まだ半信半疑で受け取られることが多いでしょう。当会は、まだ日本全部を制覇できないでいます。目指す地点は、日本においても、はるかに遠いでしょうし、海外においても、まだまだ遠いでしょう。

釈迦《しゃか》やイエス・キリストが生きていた当時、彼らを信じていた人の数よりも、当会の今の信者数は多いと思います。ただ、「当会は、人類全体に考え方を変えさせるところまでは、まだ至っていない」ということですね。

頑張《がんば》りましょう。

村田　はい。「幸福の科学においては、信仰《しんこう》と科学とは決して対立するものではない」ということを……。

大川隆法　そうそう。

村田　しっかりと世の人々に訴《うった》えかけてまいりたいと思います。

本当にありがとうございました。

大川隆法　はい。

あとがき

進化論の誕生には、ダーウィンとウォーレスという二人の生みの親がいたことを、多くの日本人は知らないだろう。歴史に「IF」が許されるなら、「心霊主義」と「進化論」の両立を信じて疑わなかったウォーレスの名において、現在まで「進化論」が語られていたなら、かつての「ソ連邦」も現在の「中華人民共和国」もなかったはずである。

ダーウィンとウォーレスのどちらが正しかったかは、両者の霊言を読めば判るだろう。もちろんウォーレスである。

私は今、エル・カンターレの名において、歴史の流れを逆流させようとしている。キリスト教会で言われ続けてきた「偽預言者《にせよげんしゃ》」は、「キリストの再臨《さいりん》」を名のる者ではなく、「科学者」を名のる者の中から出て来たということだ。間違った学問認識は正さねばならない。これもまた、正しい「科学」の立場である。

二〇一二年　七月三日

幸福《こうふく》の科学《かがく》グループ創始者兼総裁《そうししゃけんそうさい》　大川隆法《おおかわりゅうほう》

『進化論―150年後の真実』 大川隆法著作関連書籍

『黄金の法』(幸福の科学出版刊)
『神秘の法』(同右)
『不滅の法』(同右)
『マルクス・毛沢東のスピリチュアル・メッセージ』(同右)

進化論《しんかろん》―150年後《ねんご》の真実《しんじつ》
―ダーウィン／ウォーレスの霊言―

2012年7月27日　初版第1刷

著　者　大《おお》　川《かわ》　隆《りゅう》　法《ほう》

発行所　幸福の科学出版株式会社
〒107-0052 東京都港区赤坂2丁目10番14号
TEL(03)5573-7700
http://www.irhpress.co.jp/

印刷・製本　株式会社 サンニチ印刷

落丁・乱丁本はおとりかえいたします

ISBN978-4-86395-215-7 C0014

大川隆法ベストセラーズ・真実に目覚め、未来を拓く

不滅の法

宇宙時代への目覚め

「霊界」、「奇跡」、そして「宇宙人」の存在。物質文明が封じ込めてきた不滅の真実が解き放たれる。地球の未来を切り拓くために。

2,000円

神秘の法

次元の壁を超えて

2012年10月
映画化

この世とあの世を貫く秘密を解き明かし、あなたに限界突破の力を与える書。この真実を知ったとき、底知れぬパワーが湧いてくる！

1,800円

黄金の法

エル・カンターレの歴史観

歴史上の偉人たちの活躍を鳥瞰しつつ、隠されていた人類の秘史を公開し、人類の未来をも予言した、空前絶後の人類史。

2,000円

※表示価格は本体価格（税別）です。

大川隆法ベストセラーズ・霊的人生観とは何か

永遠の法

エル・カンターレの世界観

『太陽の法』（法体系）、『黄金の法』（時間論）に続いて、本書は、空間論を開示し、次元構造など、霊界の真の姿を明確に解き明かす。

2,000円

死んでから困らない生き方

スピリチュアル・ライフのすすめ

仏陀にしか説けない霊的世界の真実――。この世とあの世の違いを知って、天国に還る生き方を目指す、幸福生活のすすめ。

1,300円

霊的世界のほんとうの話。

スピリチュアル幸福生活

霊界、守護霊、仏や神の存在などの秘密を解き明かすスピリチュアル・ガイドブック。人生のほんとうの意味が分かり、人々を幸福に誘う一冊。

1,400円

大川隆法 ベストセラーズ・宗教教育はなぜ必要なのか

教育の法

信仰と実学の間で

深刻ないじめの問題の実態と解決法や、尊敬される教師の条件、親が信頼できる学校のあり方など、教育を再生させる方法が示される。

1,800円

生命《いのち》の法

真実の人生を生き切るには

生きてゆく心がけ、自殺を防止する方法、いま必要な「魂の教育」、人生の意味──。生命の尊厳を見失った現代人に贈る書。

1,800円

霊性と教育

公開霊言 ルソー・カント・シュタイナー

なぜ、現代教育は宗教心を排除したのか。天才を生み出すために何が必要か。思想界の巨人たちが、教育界に贈るメッセージ。

1,200円

※表示価格は本体価格(税別)です。

大川隆法ベストセラーズ・唯物論の間違いを正す

繁栄思考

無限の富を引き寄せる法則

豊かになるための「人類共通の法則」が存在する――。その法則を知ったとき、あなたの人生にも、繁栄という奇跡が起きる。

2,000円

逆境の中の希望

魂の救済から日本復興へ

著者法話
CD付

東日本大震災後、大川総裁が実際に被災地等に赴き行った説法集。迷える魂の鎮魂と日本再建に向けての具体的な指針などが示される。

1,800円

天照大神のお怒りについて

緊急神示 信仰なき日本人への警告

無神論で日本を汚すことは許さない！ 日本の主宰神・天照大神が緊急降臨し、国民に厳しい警告を発せられた。

1,300円

幸福の科学出版

幸福の科学グループのご案内

宗教、教育、政治、出版などの活動を通じて、地球的ユートピアの実現を目指しています。

宗教法人　幸福の科学

一九八六年に立宗。一九九一年に宗教法人格を取得。信仰の対象は、地球系霊団の最高大霊、主エル・カンターレ。世界百カ国に迫る国々に信者を持ち、全人類救済という尊い使命のもと、信者は、「愛」と「悟り」と「ユートピア建設」の教えの実践、伝道に励んでいます。

（二〇一二年七月現在）

公式サイト
http://www.happy-science.jp/

愛

幸福の科学の「愛」とは、与える愛です。これは、仏教の慈悲《じひ》や布施《ふせ》の精神と同じことです。信者は、仏法真理をお伝えすることを通して、多くの方に幸福な人生を送っていただくための活動に励んでいます。

悟り

「悟り」とは、自らが仏の子であることを知るということです。教学《きょうがく》や精神統一によって心を磨き、智慧《ちえ》を得て悩みを解決すると共に、天使・菩薩《ぼさつ》の境地を目指し、より多くの人を救える力を身につけていきます。

ユートピア建設

私たち人間は、地上に理想世界を建設するという尊い使命を持って生まれてきています。社会の悪を押しとどめ、善を推し進めるために、信者はさまざまな活動に積極的に参加しています。

国内外の世界で貧困や災害、心の病で苦しんでいる人々に対しては、現地メンバーや支援団体と連携して、物心両面に渡り、あらゆる手段で手を差し伸べています。

年間３万人を超える自殺者を減らすため、全国各地で街頭キャンペーンを展開しています。

公式サイト
http://www.withyou-hs.net/

ヘレン・ケラーを理想として活動する、ハンディキャップを持つ方とボランティアの会です。視聴覚障害者、肢体不自由な方々に仏法真理を学んでいただくための、さまざまなサポートをしています。

公式サイト
http://www.helen-hs.net/

教育

学校法人 幸福の科学学園

幸福の科学学園中学校・高等学校は、幸福の科学の教育理念のもとにつくられた学校です。人間にとって最も大切な宗教教育の導入を通じて精神性を高めながら、ユートピア建設に貢献する人材輩出を目指しています。

幸福の科学学園
中学校・高等学校（男女共学・全寮制）
2010年4月開校・栃木県那須郡

TEL **0287-75-7777**
公式サイト
http://www.happy-science.ac.jp/

関西校（2013年4月開校予定・滋賀県）
幸福の科学大学（2015年開学予定）

心の面からのアプローチを重視して、不登校の子供たちを支援しています。また、障害児支援の**「ユー・アー・エンゼル！」**運動も行っています。

不登校児支援スクール「ネバー・マインド」

仏法真理塾「サクセスNo.1」

小・中・高校生が、信仰教育を基礎にしながら、「勉強も『心の修行』」と考えて学んでいます。

TEL **03-5750-0747**（東京本校）

幼少時からの心の教育を大切にして、信仰をベースにした幼児教育を行っています。

エンゼルプランV

NPO 活動支援

学校からのいじめ追放を目指し、さまざまな社会提言をしています。また、各地でのシンポジウムや学校への啓発ポスター掲示等に取り組むNPO「いじめから子供を守ろう！ネットワーク」を支援しています。

公式サイト **http://mamoro.org/**

ブログ **http://mamoro.blog86.fc2.com/**

相談窓口 **TEL.03-5719-2170**

政治

幸福実現党

内《ない》憂《ゆう》外《がい》患《かん》の国難に立ち向かうべく、二〇〇九年五月に幸福実現党を立党しました。創立者である大川隆法党名誉総裁の精神的指導のもと、宗教だけでは解決できない問題に取り組み、幸福を具体化するための力になっています。

党員の機関紙
「幸福実現News」

TEL 03-6441-0754
公式サイト
http://www.hr-party.jp/

出版 メディア 事業

幸福の科学出版

大川隆法総裁の仏法真理の書を中心に、ビジネス、自己啓発、小説など、さまざまなジャンルの書籍・雑誌を出版しています。他にも、映画事業、文学・学術発展のための振興事業、テレビ・ラジオ番組の提供など、幸福の科学文化を広げる事業を行っています。

TEL 03-5573-7700
公式サイト
http://www.irhpress.co.jp/

入会のご案内

あなたも、幸福の科学に集い、
ほんとうの幸福を
見つけてみませんか？

幸福の科学では、大川隆法総裁が説く仏法真理をもとに、
「どうすれば幸福になれるのか、また、
他の人を幸福にできるのか」を学び、実践しています。

入会

大川隆法総裁の教えを学ぼうとする方なら、どなたでも入会できます。入会された方には、『入会版「正心法語」』が授与されます。（入会の奉納は1,000円目安です）

ネットでも**入会**できます。詳しくは、下記URLへ。

三帰《さんき》誓願《せいがん》

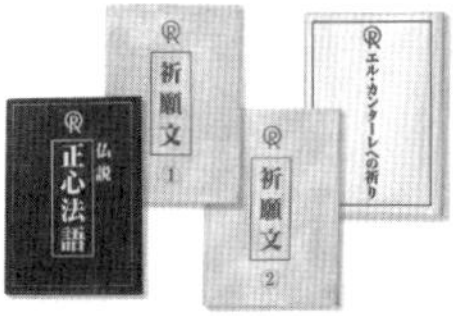

仏弟子としてさらに信仰を深めたい方は、仏・法・僧の三宝への帰依を誓う「三帰誓願式」を受けることができます。三帰誓願者には、『仏説・正心法語』『祈願文①』『祈願文②』『エル・カンターレへの祈り』が授与されます。

植福《しょくふく》の会

植福は、ユートピア建設のために、自分の富を差し出す尊い布施の行為です。布施の機会として、毎月1口1,000円からお申込みいただける、「植福の会」がございます。

「植福の会」に参加された方のうちご希望の方には、幸福の科学の小冊子（毎月1回）をお送りいたします。
詳しくは、下記の電話番号までお問い合わせください。

月刊
「幸福の科学」

ザ・伝道

ヤング・ブッダ

ヘルメス・
エンゼルズ

INFORMATION
幸福の科学サービスセンター
TEL. 03-5793-1727（受付時間 火〜金：10〜20時／土・日：10〜18時）
宗教法人 幸福の科学 公式サイト **http://www.happy-science.jp/**